CLASSIQUES EN POCHE

Collection
dirigée
par
Hélène Monsacré

ESCHYLE

LES SUPPLIANTES

Texte établi et traduit
par Paul Mazon

Introduction et notes par Jean Alaux

LES BELLES LETTRES

2003

*Ce texte et la traduction sont repris du volume correspondant
dans la Collection des Universités de France (C.U.F.),
toujours disponible avec apparat critique et scientifique.
(Eschyle, Suppliantes)*

© 2003, *Société d'édition Les Belles Lettres,*
95 bd Raspail 75006 Paris.
www.lesbelleslettres.com

ISBN : 2-251-79973-7
ISSN : 1275-4544

Introduction

par Jean Alaux

Le contexte historique des Suppliantes

Mauriac disait un jour avoir tiré de Malagar davantage de phrases que de vin. L'étrange destin des cinquante Danaïdes fit couler plus d'encre encore que de sang[1] : fuyant l'Égypte sous la conduite de leur père pour échapper à l'hymen avec leurs cousins, qui vont les poursuivre jusqu'à Argos, elles se réfugient en suppliantes dans la cité grecque ; barbares, elles descendent pourtant de l'Argienne Io, amante de Zeus, qui, transformée en vache harcelée par un taon, vagua jusqu'à Canope, où le toucher et le souffle du dieu la firent enfin accoucher d'un fils nommé Épaphos (l'« enfant du toucher ») ; accueillies à Argos par le roi Pélasgos, elles sont finalement admises dans la cité au titre de métèques ; dans la suite perdue de la trilogie, elles se voyaient contraintes d'épouser leurs cousins à l'issue d'une guerre entre Égyptiens et Argiens, où Pélasgos fut vaincu : on sait que, la nuit de noces venue, elles égorgeaient leurs époux, à l'exception d'Hypermnestre, éprise de son cousin Lyncée ; la trilogie s'achevait par une sorte de réconciliation politico-sexuelle : les Danaïdes consentaient à épouser des Argiens, et pouvait alors s'engendrer une nouvelle dynastie. Tels sont, résumés à grands

1. Voir Moreau, 2001.

traits, les éléments mythiques retenus par Eschyle dans les *Suppliantes*, dont on a longtemps cru qu'elle était la plus ancienne pièce conservée du premier grand auteur tragique grec.

La place prise par les chants choraux et le hiératisme de la mise en scène[2] apparaissaient comme des signes d'archaïsme, au lieu de faire simplement partie des *moyens* utilisés par le dramaturge pour donner voix à l'archaïque. Or, en 1952, un papyrus fut découvert, qui attestait que la tétralogie d'Eschyle avait remporté le premier prix lors d'un concours auquel participait également Sophocle, dont nous savons par ailleurs que la carrière commence par une victoire en 468 : il convient donc de placer la représentation des *Suppliantes* entre 466 (un an après les *Sept contre Thèbes*, pour lesquels Eschyle fut vainqueur) et 458, date du triomphe de l'*Orestie*.

Plusieurs critiques ont dès lors situé l'œuvre dans le contexte de la lutte entre chefs démocrates et conservateurs, à laquelle l'*Orestie* fait également écho[3] : l'importance donnée par le Roi lui-même au vote à la majorité lorsqu'il s'agit d'accueillir les Danaïdes comme métèques à Argos[4], le fait que la première occurrence conservée du mot démocratie se trouve dans les *Suppliantes*, fût-ce sous forme de tmèse (604 : *dêmou kratousa kheir*), révèleraient un engagement politique d'Eschyle en faveur d'Éphialte et de ses partisans dans leur lutte contre le conservateur Cimon et le vieux tribunal aristocratique de l'Aréopage[5]. Dès

2. Tout se joue sur l'*orkhêstra* (pas de *skênê*) : l'autel de Dionysos servait probablement de tertre (Sommerstein, 1996, p. 37-38).

3. Meier, 1991, p. 111-126.

4. Majorité éloquemment transformée pour le coup en unanimité (605-608 ; cf. 942-943, et les remarques de Podlecki, 1993, p. 74-75) : sur la tension entre ces vers et le fameux v. 604, qui définit la démocratie comme *kratos* du nombre le plus grand, voir N. Loraux, « La majorité, le tout et la moitié. Sur l'arithmétique athénienne du vote », *Le Genre humain*, 22, 1990, p. 89-110 ; P. Vidal-Naquet, *Les Grecs, les historiens, la démocratie*, Paris, 2000, p. 184-186. Cf. aussi *Suppliantes*, 699.

5. Rappelons que si Thèbes est connotée de façon unanimement négative dans l'imaginaire tragique, Argos apparaît tantôt comme une cité qui fonctionne mal (dans les *Sept contre Thèbes* et surtout dans l'*Orestie*), tantôt comme un reflet positif d'Athènes (c'est le cas dans les *Suppliantes*) : voir P. Vidal-Naquet (avec J.-P. Vernant), *Mythe et tragédie deux*, Paris, 1986, p. 181-182.

que les identifications se veulent plus précises, les points de vue divergent : pour A. J. Podlecki et L. Canfora[6], la figure de Danaos renverrait à Thémistocle, en butte comme le sera Éphialte à l'hostilité de Cimon, réfugié à Argos vers 471/470, condamné par contumace en 466 pour trahison, puis accueilli en suppliant chez Admète, le roi des Molosses, pour finir sa vie sous la protection d'Artaxerxès[7].

A. Sommerstein voit plutôt une parenté entre la figure de Danaos et celle de Péricléidas de Sparte, qui obtint le soutien d'Athènes lors de la révolte des hilotes de Messénie[8] ; Pélasgos représenterait alors Cimon lui-même, qu'on savait lié de près à Péricléidas ; comme la pièce met en lumière à la fois la duplicité de Danaos faisant silence sur l'oracle qui le vouait à être assassiné par l'un de ses gendres s'il acceptait que ses filles se marient[9], et celle de Pélasgos, qui, toujours selon A. Sommerstein, manipule l'assemblée d'Argos en taisant le risque de guerre que l'accueil des suppliantes va provoquer et en mettant exclusivement l'accent sur la menace de souillure[10], une telle lecture impliquerait que la tragédie, ou plutôt la trilogie entière, qui s'achève par la réinstauration de la démocratie une fois le roi (Pélasgos), puis le nouveau tyran (Danaos) disparus, exorcise cette peur profonde de dépossession de soi inspirée par Sparte à l'Athènes démocratique[11].

6. Podlecki, 1966, p. 52 s. ; Canfora, 1994, p. 195-203 ; cf. Cavaignac, 1921, 1955-1957 ; Forrest, 1960. Cf. *Suppliantes*, 503, et Travis, 1999, p. 120.

7. Thucydide, I, 135-138.

8. Sommerstein 1996, p. 403-409, et 1997, p. 74 s.

9. Voir *infra* sur les reconstructions de la trilogie, notamment celle que propose A. Sommerstein.

10. Voir 615-620.

11. L'hypothèse selon laquelle la mission de Péricléidas aurait eu lieu lors de la première campagne de soutien à Sparte contre les hilotes révoltés (en 468/467 au lieu de 462/461 ; le fiasco athénien du mont Ithômê se produisit pendant l'été 462 et entraîna l'ostracisme de Cimon : Thucydide, I, 102) situe en tout état de cause la pièce entre 466 et 461 ; Sommerstein, 1997 (p. 79) plaide pour la date la plus basse.

Le mythe et la trilogie

Le *Prométhée enchaîné*[12] évoque longuement le destin d'Io, l'ancêtre des Danaïdes, qui apparaît sur la scène au troisième épisode de la pièce (561-886) et informe le Chœur du début de son histoire (640 s.) avant que Prométhée n'en prophétise la suite (700 s.). On y notera quelques variantes et de nombreux compléments par rapport au texte des *Suppliantes* : la métamorphose en génisse serait l'œuvre de Zeus[13], envers qui Io exprime d'ailleurs un ressentiment aux antipodes de l'adoration que lui vouent ses descendantes ; les errances d'Io, longuement évoquées par Prométhée, la conduiront notamment chez les Amazones, « troupe qui a horreur des hommes » (723-724 : *straton* /... *stuganor*[14]) ; elle passera le Bosphore, auquel elle donnera son nom, et achèvera sa course à l'embouchure du Nil, à Canope, où elle mettra au monde Épaphos, « l'enfant du toucher » (849-851), d'où procédera la lignée d'Héraclès, libérateur de Prométhée.

Diverses reconstructions de la tétralogie ont été proposées sur la base des quelques fragments qui demeurent[15] : en général, on admet que les *Suppliantes* étaient suivies des *Égyptiens* puis des *Danaïdes*, un drame satyrique, *Amymoné*, achevant l'ensemble. Dans cette dernière œuvre, Poséidon délivrait l'une des Danaïdes – envoyée chercher l'eau manquant à Argos – des poursuites d'un satyre, s'unissait à elle et lui révélait les sources de Lerne : le motif de l'eau[16] et l'opposition entre force

12. Dont on sait toutefois, rappelons-le, la date et l'attribution incertaines.

13. *Prométhée*, 670-674 (Zeus) ; *Suppliantes*, 299 (Héra).

14. Traduction M. Gondicas et P. Judet de La Combe, Chambéry, 1996. Cf. *Suppliantes*, 287-289.

15. Voir *TrGF* (Radt), III, 5, 13-15, 43-46 ; Podlecki, 1975 ; Jouan, 1998, p. 20-24. Voir aussi *Epicorum Graecorum Fragmenta*, éd. M. Davies, Göttingen, 1988, p. 141 *(Damais)*.

16. Voir *Suppliantes*, 1018-1029. Cf. les analyses de P. Sauzeau sur l'importance de ce motif dans la « géographie symbolique » d'Argos (1993, p. 84-99, 155, 464, et 300-306 sur l'ambivalence de l'union entre Amymoné et Poséidon, liée aux marais de Lerne). Voir aussi Jouan 1998, p. 13 (« toujours le trop d'eau – trop peu d'eau! ») et Detienne 1989, p. 47 *s.*

brutale *(bia)* et persuasion *(peithô)* se rattachent sans difficulté à l'ensemble du mythe. En ce qui concerne la trilogie proprement dite, il est possible que la deuxième pièce mît en scène la victoire des Égyptiens sur Pélasgos, qui laissait le pouvoir vacant ; les Égyptiens constituaient peut-être le Chœur, ce trait accentuant la symétrie avec les *Suppliantes*. Dans cette optique, le meurtre des époux avait probablement lieu entre les deux dernières tragédies. Les fragments feraient alors allusion à un procès qui occupait la troisième pièce, où Danaos devenait roi, mais où la seule de ses filles qui ait, par amour, refusé de tuer son époux, Lyncée, donnait l'exemple d'une réconciliation qui conduisait l'ensemble des Danaïdes à épouser des Argiens et à permettre ainsi que la race se perpétuât ; on pense également que la fin de la trilogie célébrait l'institution des Thesmophories[17], un peu comme l'*Orestie* celle de l'Aréopage, et qu'elle comprenait un discours d'Aphrodite, dont il nous reste un fragment de quelques vers célébrant la loi universelle qui préside aux unions divines, cosmiques et humaines[18]. Comme dans L'*Orestie*, les conflits mis en valeur par l'action dramatique auraient abouti à un dépassement du chaos ouvrant sur la possibilité d'une vie commune au sein de la cité.

A. Sommerstein, après d'autres[19], propose une reconstruction passablement différente, les *Égyptiens* constituant la première pièce[20] : un oracle aurait annoncé à Danaos qu'il périrait de la main d'un de ses gendres, d'où le conflit avec Égyptos, la fuite et le silence gardé à Argos sur les véritables

---

17. Cf. Hérodote, II, 171.

18. *TrGF* (Radt) III, 44 (« Le Ciel sacré sent le désir de pénétrer la Terre, un désir prend la Terre de jouir de l'hymen : la pluie, du Ciel époux, descend comme un baiser vers la Terre, et la voilà qui enfante aux mortels les troupeaux qui vont paissant et le fruit de Déméter, cependant que la frondaison printanière s'achève sous la rosée d'hymen – et de tout cela la cause première, c'est moi » ; traduction de P. Mazon). Le motif est peut-être annoncé dans les paroles des Suivantes (ou, plus probablement, des gardes Argiens préposés par Pélasgos) qui constituent un chœur alternant, aux v. 1035 et s. des *Suppliantes*.

19. Sicherl 1986 ; Rösler, 1993 (cités dans Sommerstein, 1997, p. 76-78). *Contra*, Jouan, 1998, p. 16.

20. Sommerstein, 1996, p. 135-168.

motifs de cette fuite[21]. Une fois l'accueil de la cité grecque obtenu et la guerre contre les Égyptiens perdue, Danaos, devenu roi, aurait poussé ses filles à accomplir le meurtre conjugal sous couvert d'accepter le mariage : Hypermnestre ayant désobéi, elle se voyait menacée de procès par son père, mais Lyncée renversait la situation ; Danaos était exécuté et Aphrodite plaidait la cause des meurtrières, manipulées par leur père.

On ne se risquera pas ici à trancher dans une discussion savante et fort délicate[22]. L'hypothèse ingénieuse et à maint égard convaincante reprise et développée par A. Sommerstein peut conduire à mettre essentiellement l'accent sur l'influence exercée par le père, Danaos, sur ses filles, dont il modèlerait en quelque sorte l'aversion pour leurs cousins et pour le sexe masculin tout entier : une telle inflexion n'est pas nécessaire (elle ne doit pas en tout cas être réductrice), même si l'on admet la reconstruction proposée ; la voix collective des Danaïdes qui résonne de très loin au premier chef dans le texte des *Suppliantes* (le seul dont nous disposons à peu près intégralement) ne peut être simplement considérée comme l'amplification du ressentiment paternel[23].

Plus largement, s'il est vrai que la trilogie des Danaïdes aboutissait, comme l'*Orestie*, à l'instauration d'un ordre nouveau promis à dépasser les conflits mis en scène par les différentes tragédies qui la composaient, n'oublions pas que, dans les textes dont nous disposons (et singulièrement dans celui des *Suppliantes*), ce sont bien les images de la violence irréductible et de la division qui dominent et qui, pour un lecteur de notre temps, révèlent l'envers toujours menaçant de la civilisation.

---

21. La manière dont Danaos manipulerait ainsi l'opinion à Argos concorde avec l'interprétation des échos historiques proposée par Sommerstein, 1997 (p. 76-78).

22. Notons simplement au passage, avec Garvie, 1969, p. 220, qu'il est étrange que la *parodos* des *Suppliantes* ne fasse aucune allusion à ces événements récents.

23. Aux lectures qui recherchent, dans les *Suppliantes*, des échos propres à l'histoire d'Athènes, il faut ajouter celles qui en rattachent les motifs au substrat mythique et à la « géographie symbolique » d'Argos, sans jamais oublier l'élaboration critique à laquelle le genre tragique soumet son matériau (Sauzeau, 1993, notamment p. 490-495).

Le refus des Suppliantes : race de cousins ou race de mâles ?

L'opposition entre *bia* (ou *hubris*) et *peithô*, on l'a déjà souligné, joue un rôle majeur dans la mise en scène et dans la mise en mots du conflit entre les Danaïdes et les fils d'Égyptos[24] ; mais il faut l'entendre dans le sens le plus radical qui soit : la répugnance des vierges du Chœur à l'égard du mariage ne procède pas seulement de la conduite violente propre à leurs cousins, mais vise tendanciellement l'espèce masculine tout entière. L'alliance est conçue comme un asservissement et une déchirure, déchirure au sens le plus physique du terme, mais aussi séparation d'avec le père et l'*oikos* du père[25].

L'étude, dans les *Suppliantes*, des occurrences de quelques radicaux se rapportant à l'idée de race ou de naissance confirme ce trait[26]. Les termes formés sur ces radicaux s'appliquent surtout (et très normalement) à la descendance commune de Zeus et d'Io[27] ; mais on les trouve aussi limités à celle

24. Voir notamment Zeitlin, 1988, 242-255 (une telle polarité conjoint plus étroitement encore érotique et politique). Sur les occurrences d'*hubris*, *hubrizdein*, *hubristês* dans les *Suppliantes* (10 sur 22 emplois eschyléens, toujours à propos des cousins), voir Sauzeau, 1993, p. 657-658 ; Jouan, 1998, n. 19, p. 15.

25. Sur ce dernier aspect, cf. les éloquents fragments du *Térée* de Sophocle : *TrGF* (Radt), IV, Göttingen, 1977, 583, 598.

26. On s'est limité ici aux radicaux -*gen*-/-*gon*-/-*gn*-.

27. *Suppliantes*, 17, 45, 48, 172, 206, 312-13, 388, 588, 593. Sur le même plan, signalons les occurrences où il est question de la race présente d'Argos (201), dont les Danaïdes considèrent d'ailleurs qu'elles sont parentes, sûrement plus en vertu de leur origine que par l'effet de la *metoikia* qui leur est accordée (au v. 632, D. Buisset a sans doute raison de traduire *genei* par « parenté ») ; voir aussi la mention de la race de Pélasgos, l'autochtone (253) ; et, plus largement, l'opposition (largement fictive en l'espèce) entre race grecque et race barbare (155 ; 272/274/278 ; 281/290 ; 497 sur le paradoxe d'une origine commune ; 983-984 et le chiasme *engeneis/ philôs, pikrôs... autanepsiois*).

d'Égyptos, aux cinquante cousins des Danaïdes, donc[28] ; or cet emploi restreint permet un glissement significatif à l'ensemble de la race des mâles, pendant négatif, dans la bouche des vierges, au discours canonique des anciens Grecs sur la « race des femmes » *(genos gunaikôn)*[29].

Examinons rapidement les passages les plus éloquents à cet égard : dès la *parodos*, avant même la mention de la violence impie des fils d'Égyptos, c'est l'« horreur des mâles propre à leur race » *(autogenês phuxanoria)* que proclament les Suppliantes (v. 9-10)[30]. Un peu plus loin (29-31), un premier glissement significatif s'opère : les vierges opposent leur « troupe de femmes » *(thêlugenês stolos)* à l'« essaim violent de la bande de mâles » *(arsenoplêthês hesmos hubristhês)* constitué par la « race d'Égyptos » *(Aiguptogenês)*. Il est tout à fait frappant que les deux composés formés à partir de *genos* posent en regard le sexe féminin en soi d'un côté et, de l'autre, le groupe des cousins, mais aussitôt subsumé par les termes médians dans l'espèce entière des mâles[31], conçue comme une race close sur soi, assimilable à un essaim comme l'est le *genos gunaikôn* lui-même[32].

28. En 322, le Chœur, décrivant à Pélasgos sa dynastie, inclut Égyptos dans son *genos* mais, en 334, il explique au Roi qu'il ne veut pas être l'esclave de la « descendance » *(genos)* d'Égyptos. Voir aussi 741 *(Aiguptou genos)*.

29. Voir, là-dessus, Loraux, 1990a.

30. Sur ce syntagme, qui ne peut signifier, comme on l'a parfois compris, « l'horreur des mâles de leur race », voir Garvie, 1969, p. 221-223, citant Wilamowitz 1914-1966 (« aus angeborener Männer-feindschaft »). Les difficultés posées par le texte du *Mediceus* n'empêchent pas d'y repérer les composants de chaque terme du syntagme *(auto/gen- ; phu(la)x/anor-)*.

31. Cf. la façon dont, aux v. 38-40, *lektrôn* et *epibênai* enclavent les mots disant la violence des fils d'Égyptos.

32. Voir Loraux, 1990a, p. 90 : il n'existe pas, normalement, de *genos* ou de *phulon* des *andres* ; seules les femmes peuvent être pensées comme issues d'une race seconde, plus proche d'une espèce animale que de la communauté politique. Aux v. 94-110 de la *parodos*, la mention de Zeus, qui précipite « les mortels *(brotous)* du haut de leurs espoirs superbes » est suivie d'un appel à châtier la « violence des mortels » *(hubrin / broteion)* incarnée dans la « souche » *(puthmên)* des prétendants : là aussi, le glissement semble implicite de l'engeance des fils d'Égyptos

Dans le premier *stasimon* (524 s.), le Chœur supplie d'abord Zeus d'« éloigner de (sa) race » (*genei sôi aleuson*) la « violence des mâles » (*andrôn hubrin*) ; dans la première antistrophe, dont le texte est discuté, les Danaïdes invitent le dieu, « propice à la cause des femmes » (*to pros gunaikôn*), à « renouveler la légende de (sa) bonté envers la femme qui fut (leur) ancêtre » (*philias progonou gunaikos neôson euphron'ainon*) « en considération de (leur) antique race » (*epidôn palaiphaton hameteron genos*)[33]. Quelle que soit la manière dont on construit le v. 531[34], la place des mots dans l'antistrophe, l'écho avec les v. 527-528 de la strophe et la répétition du terme *gunê* assonant avec *genos* nourrissent, là aussi l'équivoque : Zeus est invité à prendre le parti des femmes contre les hommes, tandis que l'impératif *neôson* introduit le motif capital d'une réactualisation imaginaire de l'union divine avec Io. L'abolition du temps, la remontée vers l'origine (peut-être analogue à ce qu'implique le mythe d'autochtonie dans l'imaginaire des *andres*[35])

à l'espèce mâle en soi, mais l'ironie tragique est à l'œuvre, puisque le terme *brotos* (employé au lieu d'*anêr*) englobe virtuellement les Danaïdes dans le type d'attitude qu'elles dénoncent.

33. On s'en tient ici aux textes proposés par P. Mazon d'une part, D. Page d'autre part (qui ajoute un *de* au v. 531). Friis Johansen-Whittle, 1980, penche pour la solution qui fait de *to pros gunaikôn* le complément de *epidôn* (« considère le point de vue des femmes ») et de *genos* une apposition (« The difficulty... can be considerably reduced by taking *genos* as combining the concrete sense of "tribe" with the abstract one of "descent", "origin" : in this abstract sense the "race" of the Danaids can be called an argument *pros gunaikôn* »).

34. *Pros gunaikôn* ne peut signifier (une race issue d'Io) « par les femmes », puisque la généalogie d'y oppose (Danaos et Égyptos sont issus de Bélos, lui-même descendant d'Épaphos) ; cf. les paroles de Pélasgos en 282-283, marquées au coin de l'orthodoxie grecque la plus stricte : les mâles frappent les caractères d'une race dans la matrice des femmes comme dans un moule ; les exhortations de Danaos au début du premier épisode : ses filles doivent « graver » en elles ses propos comme sur des tablettes (*deltoumenas*). La surévaluation des figures paternelles (Zeus, Épaphos, Danaos) constitue bien, pour les Danaïdes, le moyen privilégié du repli à l'intérieur de la lignée contre toute alliance.

35. Voir N. Loraux, *Né de la terre. Politique et autochtonie à Athènes*, Paris, 1996, et notre étude : « Entre répétition et différenciation : *genos* et *phusis* autochtones à Athènes », *Revue de l'Histoire des Religions*, 214-4/1997, p. 467-480.

s'accompagnent d'une inversion spatiale qui voudrait faire de la « race de Zeus » *(diai genos)* dont prétendent descendre les Danaïdes, une « colonie » *(apoikia)* légitimement revenue à sa cité de départ (536-537).

Dans le second *stasimon*, après que la nouvelle de l'accueil accordé aux Suppliantes a été brièvement annoncée par Danaos dans un deuxième épisode, le Chœur chante sa joie, et le motif de la guerre des sexes s'avoue ici sans détour : les Argiens « n'ont pas, par dédain de la cause des femmes, voté en faveur des mâles » (643-645 : *oude met' arsenôn / psêphon ethent' atimô- / santes erin gunaikôn*)[36].

L'épisode suivant ranime la tension dramatique, puisque Danaos, scrutant le rivage depuis le sommet du tertre, aperçoit les navires menaçants de ses neveux : c'est l'occasion pour le Chœur, demeuré seul, de chanter l'admirable troisième *stasimon*, texte central et capital où se concentrent les principaux enjeux de la tragédie. On y retrouve le même effet de contamination que dans les passages précédents : dans la troisième antistrophe, le Chœur remet une nouvelle fois son sort entre les mains de Zeus pour le préserver de la chasse, de plus en plus pressante, de « la race d'Égyptos » (817 : *genos Aiguption*), « insoutenable violence d'une race de mâles » (818 : *hubrin / dusphoron arsenogenesin*), ajoute-t-il ; le deuxième syntagme, qui fonctionne comme une apposition au premier, manifeste l'élargissement sémantique révélateur de la pensée des Danaïdes.

On signalera enfin deux passages en écho, situés respectivement dans la deuxième scène du quatrième et dernier épisode, et dans l'*exodos* : à l'issue de sa dispute avec Pélasgos, le héraut des Égyptiens met en garde le roi contre une guerre incertaine, dont il conjecture que la victoire reviendra aux « mâles » (951 : *eiê de nikê kai kratê tois arsesin*), ce qui lui attire l'ironique réplique qu'il est aussi des « mâles » (952 : *arsenas*) sur la terre d'Argos ; dans l'*exodos*, le Chœur, et c'est son ultime vœu adressé à Zeus, souhaite qu'il accorde la supériorité aux femmes (1069-1070 : *kai kratos nemoi gunai-*

---

36. Significativement, les Danaïdes considèrent qu'en rendant ce verdict, les Argiens les acceptent, leur père et elles, comme « consanguins » (652 : *homaimous*).

/ *xin*). On ne saurait mieux souligner la logique à l'œuvre dans le texte des *Suppliantes* et dans l'esprit de leur principal et collectif personnage, d'autant plus qu'il convient de rappeler que les Danaïdes ne sont en rien des *gunaikes*, mais des *parthenoi*, puis, le temps de brèves et sanglantes noces, des *numphai*.

Un passage de la pièce, il est vrai, peut sembler contrarier l'hypothèse selon laquelle la fuite des descendantes d'Io procèderait d'un refus de l'altérité représentée par l'autre sexe et en particulier par l'autre branche de la lignée, plutôt que d'un interdit incestueux : à la fin de la première scène du premier épisode, juste avant l'arrivée du roi, Danaos donne à ses filles les derniers conseils qui doivent leur assurer un accueil bienveillant. Elles doivent s'installer dans le sanctuaire comme « un vol de colombes fuyant des éperviers – leurs frères pourtant *(tôn homopterôn)* ! frères changés en ennemis *(ekthrôn homaimôn)*, qui veulent se souiller d'un crime à l'égard de leur propre race *(genos)* » (223-225) ; vient alors la question : « l'oiseau peut-il rester pur, qui mange chair d'oiseau ? » (226 : *ornithos ornis pôs an agneuoi phagôn ?*) ; l'invective vise ensuite de manière plus précise la façon dont les fils d'Égyptos ont voulu épouser leurs cousines malgré elles et malgré leur père (227). On a lu ce passage comme une mise en garde contre l'inceste que constituerait le mariage redouté : les composés en *homo-*, les polyptotes du v. 226, qui condamnent un acte qu'on pourrait qualifier, en jouant sur les échos proprement grecs, d'(h)omophage, rejettent en effet les agresseurs hors civilisation, comme peuvent l'être ceux qui se rendent coupables d'une transgression majeure.

On passera sur le fait que Danaos infléchit ici une comparaison déjà employée et longuement modulée par ses filles dans la *parodos* (57-67), en substituant l'image des colombes à celle, beaucoup plus chargée d'ambivalence tragique, du rossignol[37]. On soulignera surtout qu'un tel point de vue ne

---

[37]. Seules les vierges, dans l'univers tragique, se comparent à la mère criminelle et endeuillée que fut Procné (Loraux, 1990b, p. 87-91). Dans la bouche de Danaos, on retrouve le terme *hesmos*, que ses filles appliquaient à l'« essaim » de leurs poursuivants mâles (31). Cf. *Prométhée enchaîné*, 857 (éperviers et colombes).

correspond guère à ce que les Grecs nous ont appris de leur société[38] ni de leur propre savoir sur l'Égypte ancienne[39]. Comme le montre la suite de la tirade, c'est la violence de ses neveux qui, dans la bouche de Danaos, est avant tout condamnée ; d'ailleurs, ce ne sont pas ici les vierges qui parlent, mais leur père, qu'on a pu présumer engagé dans un conflit dynastique avec son frère, et sous l'empire de la prophétie menaçante qui le voue à être assassiné par l'un de ses gendres[40]. Il nous semble que le tableau d'épouvante suggéré par les paroles de Danaos est plutôt celui de la *stasis* tragique, de la guerre intestine qui divise et la cité et la famille, que la fuite à Argos croit pouvoir déjouer. Quelques années plus tard, dans la dernière pièce de l'*Orestie*, Athéna entendra elle aussi mettre un terme aux combats « entre oiseaux de la même volière » en incitant les Érinyes, devenues Euménides, à laisser la guerre étrangère remplacer l'« Arès de la lignée »[41] (jamais, disons-le au passage, n'a été formulée de façon aussi nette la loi alternative qui paraît impliquer que toute société n'échappe à ses propres divisions qu'en portant le conflit à l'extérieur, ou que, privée de cette dernière issue, elle le fasse refluer, sous toutes les formes possibles, en son sein).

Dans le deuxième *stasimon* des *Suppliantes* mêmes, le Chœur, instruit de l'accueil voté par la cité, multiplie ses vœux de prospérité à l'égard d'Argos ; il n'est pas indifférent qu'à grand renfort de négations (si promptes à se retourner en menaces lorsqu'un trop bel et provisoire accord est rompu), ses prières consistent d'abord à souhaiter que soient écartés tous les maux qui peuvent menacer un corps social : ni « pestilence » (659 : *loimos*), ni Arès « fléau des mortels » (664-665 : *brotoloigos A-/rês*), ni « fléau déchireur » (679-680 : *loigos... daïzdôn*)

---

38. Sur la possibilité de mariage, à Athènes, entre enfants de même père, mais de mère différente, voir C. Lévi-Strauss, *Le Regard éloigné*, Paris, 1983, p. 127-140. Violence et non inceste : Detienne, 1989, p. 44-47.

39. Sur ces questions, voir Garvie, 1969, p. 216-225.

40. C'est pourquoi la traduction de *mataia* (229) par « luxure » (P. Mazon) n'est guère adéquate : il s'agit de « frénésie » (V.-H. Debidour), de « crime fou » (D. Buisset).

41. *Euménides*, 858-866. Traduction de N. Loraux, qui commente ce passage dans *La Cité divisée*, Paris, 1997, p. 11-40.

« armant l'Arès hurleur de la guerre intestine » (681-682 :
Arê / boan t'endêmon exoplizdôn), ni « essaim des maladies »
(685-686 : *nousôn d'hesmos*). L'Arès, certes redoutable, de la
guerre étrangère (qui affrontera de fait Égyptiens et Argiens) est
ici redoublé[42] et encerclé à la fois par la mention de deux calamités
peut-être plus douloureuses encore, celles qui président aux
tragédies thébaines (des *Sept contre Thèbes* à l'ouverture d'*Œdipe
Roi*), celles qu'évoquera l'Ombre de Darius au vu de la conster-
nation qui règne parmi son peuple (*Perses*, 715), celles enfin que
Thucydide mettra en rapport subtil dans le récit de la pestilence
à Athènes au livre II et dans celui de la guerre civile de Corcyre
au livre suivant : *loimos* et *stasis*. Comme l'a signalé
J. Dumortier[43], l'emploi du terme *hesmos* à propos des maladies,
et sur fond d'imagerie animale, met ce passage en rapport étroit
avec la tirade de Danaos aux v. 222 s. Quant au verbe *daïzdô*,
employé ici par le Chœur à propos de cette guerre civile que sa
conduite à venir va en un sens fomenter, il fait écho aux emplois
que nous allons rencontrer et qui touchent au rapport entre les
sexes[44].

On serait donc tenté de conclure que les malheurs dont le
Chœur, tout à sa joie du moment, souhaite à Argos l'évitement,
condensent les différents conflits à l'œuvre dans l'histoire
familiale des descendants d'Io et dans leurs rapports futurs avec
la cité qui les accueille. Mais ce passage, non plus que la présence
du motif de la guerre civile dans la bouche de Danaos aux v. 223-
226, n'empêche pas ses filles de tendre à déplacer le débat dans
le domaine de la guerre des sexes lorsqu'elles évoquent leurs
rapports avec les Égyptiades : le point de vue du père ne constitue
pas une clef qui expliquerait les motivations des filles[45].

---

42. On notera, outre celle d'Arès, la répétition de *loigos*.
43. Dumortier, 1975, p. 8.
44. Voir *infra* p. XX-XXIII.
45. Le dialogue des v. 204-221, dans lequel Danaos invite le Chœur
à monter sur le tertre où se trouvent les statues des Olympiens et à les adorer
dans leur diversité, au lieu de réserver à Zeus leur dévotion fusionnelle,
montre à la fois l'unité qui fédère le groupe des suppliants et l'écart entre
le point de vue du père et celui des vierges ; ainsi, les formes au masculin
employées par les Danaïdes pour se désigner peuvent certes s'expliquer
par des raisons grammaticales (204) ou parce qu'elles incluent l'ensemble

Le paradigme d'Io : le toucher et la blessure

C'est donc à la logique étrange de ces représentations que nous en reviendrons.

« La forte postérité d'une mère / très sainte (*sperma semnas mega ma- / tros*), qu'elle échappe – é – êêh / au lit des hommes (*andrôn*) – ni mariage, ni maître (*agamon adamanton*) ! » (141-143, 151-153 ; trad. Buisset) : ainsi les Danaïdes se prévalent-elles de l'exemple d'Io pour justifier leur refus de l'hymen[46]. Zeus, qui féconda leur ancêtre, devient pour elles un père protecteur, redoublant Danaos et sans cesse invoqué dans le cours de l'action au détriment des autres dieux[47]. Mais il importe que la version privilégiée de l'union entre la mortelle et le dieu soit celle du souffle (*epipnoia*) et du toucher (*epaphê, ephapsis*) qui, au prix d'une éponymie hautement symbolique, donnèrent naissance à leur ancêtre Épaphos (46-48 : *ephapsei // Epaphon*)[48].

du groupe (209, 211), mais on pourrait supposer aussi que s'y loge une ambivalence : derrière ce mouvement d'inclusion, une autonomie redoutable ne peut-elle se dessiner, celle que la très virile Clytemnestre de l'*Agamemnon* incarnera d'une autre façon, plus éclatante encore, et qui ravit aux hommes à la fois la parole et le glaive ?

46. Voir N. Loraux, 1990a, p. 90.

47. Voir Zeitlin, 1988, p. 247-255 ; *Suppliantes*, 206 s. : c'est Danaos qui dirige le regard et les hommages de ses filles vers trois autres des Olympiens dont les statues (peut-être au nombre de douze, comme les membres du Chœur), se partagent l'autel ; Apollon, Poséidon et Hermès sont invoqués par le biais de traits touchant directement l'histoire singulière des Danaïdes : 214-215, 219, 221. Sur le silence à propos des autres divinités dans ce passage, voir Friis Johansen-Whittle, 1980, p. 167.

48. Cf. 18, 45, 312, 577 ; *Prométhée enchaîné*, 849-851. On notera, dans la première strophe de la *parodos*, les effets de courts-circuits entre l'histoire d'Io et la réactualisation imaginaire à laquelle procèdent ses descendantes (coïncidence entre l'ancrage originel d'Io à Argos et la présence des Danaïdes sur ce même sol : *anthonomou- / sas*, 44-45 // *en poionomois / matros arkhaias topois*, 49-50, et *gaionomoisin*, 54, pour désigner les habitants présents d'Argos ; cf. aussi l'anaphore de *nun* : 41, 49). Voir plus loin (350) une nouvelle surimpression (la génisse poursuivie par le loup).

Bien sûr, le moment de la délivrance d'Io à Canope n'exclut pas qu'ait été accomplie, entre elle et Zeus, une union sexuée. Il en est explicitement fait mention dans la deuxième scène du premier épisode, lorsque le Coryphée informe le Roi de l'identité des Suppliantes (291 s.) ; l'édition de P. Mazon réserve au Coryphée l'ensemble des répliques interrogatives qui amènent le Roi à se remémorer lui-même les différentes étapes de l'histoire d'Io (295-317) ; d'autres attribuent le questionnement au Roi, tantôt à partir du v. 298 (West, 1992, suivi par D. Buisset), tantôt à partir du v. 295 (Page, 1972[49], Friis Johansen-Whittle, 1980, suivis par V.-H. Debidour), choix particulièrement cohérent, puisque ce dernier vers invite à rappeler la première rencontre entre Zeus et Io, qui suscita la jalousie d'Héra et la métamorphose de la jeune femme en génisse ; or, c'est l'infinitif d'un verbe couramment employé pour l'union sexuée qui est utilisé ici *(meikhthênai)* : « Voyons, ne dit-on pas aussi que Zeus a fait l'amour avec cette mortelle ? », traduit sans équivoque V.-H. Debidour. Il est vrai que le problème se déplace si l'on choisit cette distribution des vers : la métamorphose d'Io opérée, Zeus se transforme lui-même en taureau pour pouvoir s'unir une deuxième fois avec elle, et c'est alors au Coryphée qu'il revient d'admettre qu'il l'approcha « sous la forme, dit-on, d'un taureau saillissant » (301 : *phasin, preponta bouthorôi taurôi demas*)[50]. Il reste que, même si, d'une façon ou d'une autre, la stichomythie pousse le Chœur à reconnaître au moins une fois dans leur intégralité les rapports entre Zeus et son aïeule, c'est la dernière étape de l'histoire qu'avant tout il retient et à laquelle il s'attache, celle qui, après la longue parenthèse des errances d'Io, la conduit à la délivrance sous l'effet de la caresse divine. Les vers 295 et 301, dans leur crudité, jouent le rôle d'un principe de réalité, rappelé au cœur du texte tragique pour mieux mettre en lumière la construction imaginaire à quoi se plaisent dangereusement les Danaïdes.

---

49. Suivant F. Robortello, *Aeschyli Tragoediae septem*, Venise, 1552.

50. Les étapes des amours entre Zeus et Io, et leurs vicissitudes, sont présentées de façon légèrement différente dans le *Prométhée enchaîné :* voir 640-852.

Qu'il s'agisse en effet d'une construction dont les racines sont à trouver dans les profondeurs du psychisme – mais de quel psychisme : celui des femmes ou celui des hommes, qui se représentent les femmes ? On y reviendra –, une série d'images fortes et de termes clefs l'attestent, sur fond d'ambivalence, mais sans équivoque.

Le troisième *stasimon*, déjà cité ici, exprime la panique des Danaïdes à l'annonce de l'arrivée de la flotte égyptienne (776-824). Dans ce moment d'intense *pathos*, le désir de fuite prend la forme d'un vœu de mort : plutôt se pendre à un lacet ou se jeter du haut d'un précipice que de subir l'étreinte d'un époux, chantent successivement la première antistrophe et la deuxième strophe (784-798). Le geste suicidaire qui avait été l'instrument du chantage devant Pélasgos (457-467) devient ici la seule issue envisagée par les victimes.

Examinons la littéralité du texte en deux points[51] : dans l'antistrophe, la pendaison apparaît comme un recours urgent, dit le Chœur, « avant qu'un homme maudit n'effleure ma peau (789-790 : *prin andr' apeukton tôide* khrim- / phthênai *khroï*) ». On a retenu ici la traduction de D. Buisset, qui rend bien compte du sens usuel attribué au verbe *khrimptô* (à l'actif : « mener tout près ; effleurer, toucher » ; au moyen-passif + datif : « s'approcher, être en contact avec »)[52]. L'union sexuelle abhorrée, équivalant à un viol pour les filles de Danaos, se dit ici de manière étrangement euphémisée au cœur même d'un chant de violente émotion (la paronomase entre *khrim[- / phthênai]* et *khroï* suffirait à l'attester). Une analogie nous semble ici permise : *khrimptomai* est probablement apparenté à *kriô*, dont la polysémie est exploitée dans le *Prométhée enchaîné* (« frotter », « oindre » : 480 ; mais surtout, s'agissant d'un insecte, le taon en l'occurrence, « piquer » : 566, 597, 675, 880)[53] ; de l'idée de contact avec la

51. Pour les différents termes et apparentements, on suit P. Chantraine (*Dictionnaire étymologique de la langue grecque. Histoire des mots*, Paris, 1968).

52. Les autres emplois eschyléens du même verbe ou de composés s'appliquent à un mouvement d'approche, menaçant ou pas (*Sept contre Thèbes*, 84 ; *Euménides*, 185 ; *Prométhée*, 713).

53. Voir aussi, chez Eschyle, *Agamemnon*, 94 (*khrima* désignant un onguent).

peau, le sens évolue soit vers une acception lénitive, soit vers l'idée de blessure légère. Un tel écho entre les termes et à l'intérieur du spectre de sens propre à chaque terme nous paraît établir un rapport de contiguïté paradoxal entre des images que les héroïnes des *Suppliantes* voudraient pourtant diamétralement opposées : le toucher de Zeus, qui délivre Io d'Épaphos ; la piqûre lancinante du taon qui la torture[54] ; la déchirure conjugale violemment refusée par ses descendantes. S'y dévoilerait, en somme, un effet de déni révélateur de la complexion des Danaïdes (déni dénoncé aussi, on l'a vu, par la mention de véritables rapports sexuels entre Zeus lui-même et Io). La deuxième strophe du *stasimon* contient un autre indice, du même ordre et syntaxiquement symétrique[55] : plutôt se précipiter, s'écrie le Chœur « avant que de subir, contre (s)a volonté, l'hymen d'un déchireur » (798-799 : *prin daïktoros biai / kardias gamou kurêsai*). On modifie ici sur un point la traduction de P. Mazon : *daïktôr*, doublet de *daiktêr*, signifie en effet le « déchireur »[56].

Cette image favorise à son tour un écho tout à fait légitime avec les dernières paroles chantées de la tragédie, déjà commentées sur un autre point (1063 s.). Zeus, rappelle encore une fois le Chœur, a soulagé Io : « qu'il m'épargne, ajoute-t-il, un hymen cruel avec un époux abhorré » *(gamon dusanora / daion)*. On a cité ici la traduction de P. Mazon, qui comprend *daios / dêios*,

---

54. Cf., aux v. 17-18 du prologue, le rapprochement étroit entre les deux motifs.

55. Le jeu des symétries est double entre les trois premières strophes : entre la strophe 1 et la strophe 2, d'une part (rêve de devenir une « vapeur noire » vouée à s'évanouir parmi les nuées de Zeus ; rêve de siéger parmi les « neiges éthérées », puis de disparaître dans une chute profonde ; contraste des couleurs et du mouvement, tantôt ascendant, tantôt descendant) ; entre la strophe 1 et l'antistrophe 1, comme on l'a vu (la pendaison comme réponse au toucher conjugal ; la précipitation pour échapper à la déchirure : voir Loraux, 1985, p. 36, qui condense à juste titre les deux passages parallèles en parlant de la pendaison comme réponse à une déchirure).

56. Cf. 680, à propos de la guerre civile, *Sept contre Thèbes*, 916 // 735, et Loraux, 1985, n. 18 p. 106. Sur *daiktêr*, voir Chantraine 1968, s.*v. daiomai*, « partager », « diviser », « déchirer » ; comme le déverbatif *daïzdô* (cf. *Suppliantes*, 680, à propos de la guerre civile), le terme évolue vers le sens de « blesser », « tuer ».

issu de *daï* (« au combat »), comme signifiant « ennemi »[57].
L'exactitude étymologique n'empêche pas un traducteur comme
D. Buisset de créditer Eschyle (et son auditoire) d'un jeu
phonétique et sémantique qui rapprocherait *daiomai* et *daios*,
et de parler du « mariage, où l'homme fait mal et déchire ». Un
tel choix nous paraît tout à fait admissible, car il restitue les
harmoniques profondes du texte, surtout si l'on considère les
derniers vers de la même strophe, l'avant-dernière de la tragédie
(1067-1068) : le Chœur en appelle une ultime fois à Zeus pour
réactualiser le geste dont il libéra son aïeule, en lui faisant sentir
« d'une main guérisseuse » *(kheiri paiôniai)* sa « douce violence »
(eumenê bian). L'utopique oxymore *eumenês bia* exprime
admirablement l'équivoque propre à la pensée profonde des
Danaïdes, issues d'une union qui fut nécessairement sexuée,
mais qu'elles voudraient de toutes leurs forces édulcorer pour
n'en retenir que l'ultime et poétique étape, qui vit, à Canope,
naître Épaphos, l'« enfant du toucher » ; la même expression
s'oppose en cela au fragment du discours d'Aphrodite qui
énonçait, à la fin de la trilogie, la loi de la « blessure » consentie,
désirée même, présidant à toute union sexuée, à commencer
par celle du ciel et de la terre[58] ; elle s'oppose aussi à la version
donnée par le *Prométhée enchaîné* des premières amours entre
Zeus et Io : c'est la violence du dieu contre Inachos et sa fille
que met en avant le polyptote *akousan akôn (invitus invitam)*
du v. 671, évoquant d'ailleurs textuellement les paroles de Danaos
au v. 227 des *Suppliantes*[59].

Les Danaïdes refusent le mélange impliqué par l'union des
sexes, mais au prix d'un désir de toute-puissance qui, dans la
première strophe du troisième *stasimon*, leur fait rêver de siéger
aux côtés de Zeus, de se fondre avec lui, fût-ce au prix de la

---

57. Voir Chantraine, 1968, s.*v. : dêios* a été lui-même secondairement
rapproché de *daiô*, « brûler ».

58. *TrGF* (Radt), III, 44 : *erai men hagnos ouranos trôsai
khthona, / erôs de gaian lambanei gamou tukhein*. Voir Garvie, 1969,
p. 204 ; Moreau, 1985, p. 32 ; Deforge, 1986, p. 99.

59. L'écho est d'autant plus frappant que la contrainte, là aussi,
entraîne la fuite, mais loin de la maison du père (670). Cf. aussi 648 :
« Pourquoi prolonger ta virginité? », disent à Io ses visions nocturnes.

mort : mais c'est à d'autres que la mort va être donnée et, avant même que n'ait lieu la nuit de noces, la guerre va l'infliger des deux côtés. En un éloquent et tragique paradoxe, le refus de l'altérité conduit à la division[60], et celui de la défloration à une déchirure plus meurtrière, celle du glaive[61].

À l'autre extrémité de la trilogie, on sait qu'était probablement célébrée l'institution athénienne des Thesmophories[62] : le mythe de Déméter et de Perséphone peut être lu comme impliquant une séparation forcée d'avec l'*oikos* parental (dans le cas des Danaïdes, ce sont évidemment des figures masculines de pères féconds qui l'incarnent), mais, outre que la relation entre pères et filles n'est pas socialement de même nature que celle qui unit mères et filles[63], le rituel délimite un temps de la fête où se satisfait sans danger pour la structure sociale le désir régressif de virginité qui peut habiter les femmes mariées[64]. Les filles de Danaos n'en sont pas là.

L'interprétation du mythe

Le point de vue selon lequel les Danaïdes fuiraient un mariage considéré comme incestueux ne correspond guère aux enjeux textuels que nous avons en partie parcourus[65] ; celui qui tente d'expliquer leur geste par la seule violence propre aux fils d'Égyptos ne rend pas davantage compte du caractère radical de

---

60. Cf. Euripide, les *Bacchantes*.

61. Voir Loraux, 1985, p. 36 s.

62. Voir Hérodote, II, 171 ; Garvie, 1969, p. 227-228.

63. Voir Zeitlin, 1988, p. 258-259.

64. Voir Sissa, 1987, p. 194 : dans les Thesmophories, « la fécondité [...] joue un rôle essentiel à côté d'une sorte de virginité retrouvée, à l'écart des hommes, grâce aux litières de gattilier sur lesquelles s'étendent les femmes mariées qui participent au mystère ».

65. Tel n'est pas le point de vue de P. Sauzeau : le conflit entre les deux frères Danaos et Égyptos, puis entre les cousins parallèles issus d'eux, pourrait dramatiser et métaphoriser à la fois un « tabou d'intermariage » ou, plus probablement, illustrer le passage d'un mariage par rapt à une union par consentement mutuel (1993, p. 507-524 ; pour l'auteur, les paroles de Danaos aux v. 223-226 expriment sans équivoque le refus de l'endogamie). *Cf. supra* n. 38.

leur répugnance envers les *andres*, à l'exception, bien sûr, de ceux qui constituent leur ascendance. L'explication d'A. Sommerstein, pour qui les Danaïdes sont tout simplement « endoctrinées » par leur père[66] n'épuise pas, elle non plus, les ressources du chant tragique : même si l'on admet sa reconstruction de la trilogie et l'impact majeur de la prophétie qui voue Danaos à repousser à tout prix le mariage de ses filles en trompant par son silence les Argiens (tout comme Pélasgos les égare en minimisant l'imminence de la guerre que leur accueil va provoquer), il reste qu'à ce stade, le personnage tragique dont on entend la voix, collective et singulière, est avant tout ce groupe de vierges opiniâtré dans la préservation d'une identité que toute alliance corromprait[67].

Il faut regarder ailleurs : rappelons qu'en règle générale le texte tragique met en question (souvent en les poussant à la limite) les représentations grecques fondatrices du corps social[68]. Le paradoxe des Danaïdes est peut-être de refuser, à travers leurs cousins, l'altérité du sexe masculin tout entier et celle du mariage, qui fait passer la *parthenos* au statut de *gunê* en l'incorporant à un autre *genos*. Leur attitude, exclusivement tournée vers leur ascendance, procèderait en fait d'un resserrement du cercle endogamique, au prix d'une accentuation délétère de la tendance dont G. Tillion a montré qu'elle caractérise, selon elle depuis très longtemps, les peuples du bassin méditerranéen, à l'opposé de la loi d'exogamie propre aux sphères étudiées par Cl. Lévi-

66. Sommerstein, 1996, p. 146-149.

67. Voir Jouan, 1998, p. 18-19. Dès le début de la pièce, les conseils donnés par Danaos aux étrangères exilées rappellent singulièrement les exhortations au silence et à la retenue adressées plus généralement aux femmes (194-203) ; il n'empêche : dans la suite de l'épisode, les Danaïdes n'hésitent pas à questionner Pélasgos en retour dès qu'il paraît (246-248), à justifier longuement leur point de vue, à entraîner pour ainsi dire le roi dans le *kommos* et enfin, devant ses réticences à les accueillir, à user du chantage au suicide que l'on sait (455 s. ; voir notamment 464, sur le recours à la parole énigmatique).

68. En termes purement athéniens, les Danaïdes, rappelons-le, sont dans la position de filles épiclères légitimement réclamées par leurs cousins, fondés à redouter qu'elles ne consentent à épouser des étrangers, auquel cas, une fois leur père mort, l'héritage échapperait à leurs proches parents (Benveniste, 1949 ; Garvie, 1969, p. 219-221 ; Sauzeau, 1993, p. 513-514 ; *Suppliantes*, 335-338). *Contra* : Detienne 1989, n. 9 p. 195.

Strauss[69] ; dans de telles sociétés, incluant, bien sûr la Grèce antique, l'union privilégiée rapproche entre eux des cousins et s'accompagne d'une tendance à l'enfermement des femmes[70].

Le resserrement de la préférence endogamique propre aux filles de Danaos les rapproche fortement d'autres figures de vierges tragiques, comme Antigone et Électre, et se justifie d'un rêve de repli vers l'origine de la lignée (en l'occurrence l'union de Zeus et d'Io) qui contrecarre la loi normale de la différenciation généalogique[71] : un tel mouvement s'observe de façon privilégiée dans les configurations tragiques de la famille de Thèbes et s'accompagne d'une tendance à la confusion ou au cumul des liens de parenté, mais on voit qu'il peut se dissimuler aussi dans d'autres récits mythiques. Autrement dit, c'est plutôt chez les Danaïdes elles-mêmes que serait à l'œuvre un repli incestueux, entendu au sens large et complexe que lui donnent, par exemple, les travaux de P. Legendre[72].

On doit enfin remarquer que les avatars du mythe, notamment la version tardive du supplice infernal, étudiée par G. Sissa[73],

69. *Le Harem et les cousins*, Paris, 1966, rééd. 2000. Voir aussi C. Bromberger et T. Todorov, *Germaine Tillion, une ethnologue dans le siècle*, Paris, 2002.

70. Le symétrique, en somme, de ce qu'en Europe même, certaines survivances manifestent : dans *Wuthering Heights*, Heathcliff, le vagabond venu d'on ne sait où, si intimement proche de Catherine Earnshaw qu'il est pour elle comme un autre soi-même, incarne avec la pire noirceur, et dans le cortège de mariages consanguins et de morts mêlées qu'il provoque, le cauchemar du très proche, du trop proche (le frère?) dissimulé sous le masque de l'étranger (voir l'édition de D. Daiches, Harmondsworth, 1965, p. 16).

71. Voir notre étude à paraître « Antigone et Niobé : sous le signe de l'oxymore », Actes du colloque sur *Antigone et la résistance civile*, Bruxelles, 8-10 novembre 2000 (*ULB/FUSL*).

72. Voir notamment *L'Inestimable Objet de la transmission. Essai sur le principe généalogique en Occident*, Paris, 1985. Zeus (à ce stade provisoire de la trilogie et selon le point de vue des Danaïdes) se verrait dénier la possibilité d'incarner la « Référence absolue », située hors parenté, qui permet au comptage généalogique de fonctionner ; et ce manque serait en étroit rapport avec l'incapacité des vierges à s'intégrer à l'univers du politique.

73. Sissa, 1987, p. 147-194.

s'inscrivent avec cohérence dans la logique du texte d'Eschyle et des représentations grecques qui s'y repèrent. Les *pithoi* percés à travers lesquels les *numphai* meurtrières répètent à jamais leur geste dilapidateur emblématisent le statut anomal de leur propre corps, également éloigné des deux modèles canoniques du féminin : celui de la *parthenos*, silencieusement repliée entre deux bouches qu'il sied de maintenir hermétiquement closes, et celui de la *gunê*, dont la matrice se referme sur la semence masculine qu'elle est vouée à nourrir. Entre virginité bientôt perdue et mariage tragiquement inachevé, les Danaïdes sont à jamais figées dans l'« entre-deux » d'une déchirure redoutée, rendue aussitôt que subie[74].

Nous voilà ramenés à l'une des questions fondamentales de la représentation tragique dans son sens le plus large : ces figures féminines, vierges, *numphai*, épousées, victimes, meurtrières, parfois les deux, sont tout entières issues de l'imaginaire masculin. Leur psychisme émane de celui des *andres* et, même si l'on admet qu'à travers le prisme tragique, les poètes avaient accès à cette part d'altérité qui permet de transcender les clivages du moi social ou sexuel[75], leurs portraits de femmes, surtout en groupe[76], s'inscrivent dans la longue tradition que hante, depuis Hésiode, l'éternelle étrangère, toujours seconde,

---

74. De tels motifs perdurent jusque dans l'univers du roman grec : voir F. Létoublon et J. Alaux, « La grotte et la source. Paysage naturel et artifice dans *Daphnis et Chloé* et *Leucippé et Clitophon* », communication au colloque de Tours du 24-26 octobre 2002 (à paraître) ; cf. notamment *Leucippé et Clitophon*, II, XXIII, 5 ; II, XXIV, 4, et *Daphnis et Chloé*, III, 19, 2 ; III, 20, 1-2.

75. Loraux, 1999. Cf. en particulier les remarques de P. Sauzeau sur les effets du patronage dionysiaque, qui s'exerçait sur les spectacles théâtraux dans leur ensemble et qui amena la comédie à traiter elle aussi, à sa façon propre, des mythes relatifs aux Lemniennes ou aux Danaïdes (« Le regard de Dionysos », *in* B. Mezzadri (éd.), *Les Tragiques grecs*, *Europe*, janvier-février 1999, p. 29-41, p. 36-37).

76. On peut naturellement aussi, en procédant à un autre choix contextuel, rattacher ce motif (et le nombre précis de cinquante) aux traditions archaïques d'affrontements rituels et initiatiques entre groupes des deux sexes (Sauzeau, 1993, p. 445-449, 504-507). Sur les analogies entre Danaïdes et Lemniennes, voir Dumézil, 1998 [1924] ; Sauzeau, 1993, p. 458-463, 501-502 (parallèle entre Hypermnestre et Hypsipyle).

virtuellement menaçante et close sur son propre *genos* à demi-
animal, mais indispensable à la reproduction de la cité, malgré
ce rêve d'une naissance autochtone, sans cesse réactivée dans
l'imaginaire athénien par le biais des célébrations civiques.
Les filles de Danaos sont à la fois barbares[77] et très proches par
leur origine argienne ; la *metoikia* qui leur est accordée
métaphorise sur le plan social le statut hybride de leur sexe : il
n'est pas étonnant que la mention d'une naissance et d'une lignée
autochtone soit réservée à Pélasgos[78], le roi promis à être détrôné
et remplacé, au prix d'une série de conflits et de compromis, par
les descendants de deux sexes enfin réconciliés.

L'altérité refusée par les Danaïdes n'est donc peut-être que
la projection de celle que redoutent obscurément les *andres*, mais
qu'ils acclimatent en eux à travers la fiction théâtrale et ce qu'elle
implique de compassion distanciée : n'oublions pas que, si le
spectacle se déroule dans une diachronie dont nous avons en
l'occurrence perdu les dernières séquences, l'écoute du spectateur
procède tout autant de la synchronie[79]. Il faut en tout cas s'y
résigner : les plaintes et les menaces des Suppliantes d'Eschyle
nous en apprennent sans doute plus sur l'homme grec que sur
les affects des Athéniennes du vᵉ siècle.

---

77. Sur le versant inquiétant (parce que trop viril ?) de ces vierges fa-
rouches, qui s'accentue chez Mélanippide (*Poetae Melici Graeci*, éd. L. Page
Oxford, 1962, p. 392), voir Moreau, 1995 ; Jouan, 1998, p. 17-18.

78. *Suppliantes*, 249-270.

79. Cf., à un autre propos, les remarques de J. Jouanna sur
l'impossibilité d'une lecture en « feedback » dans le cadre de la
représentation tragique (« Lyrisme et drame : le chœur dans l'*Antigone*
de Sophocle », *in Le Théâtre grec antique : la Tragédie, Cahiers de la
Villa Kérylos*, 8, Paris, 1998, p. 101-128, p. 127).

LES SUPPLIANTES

ΙΚΕΤΙΔΕΣ

ΧΟΡΟΣ

Ζεὺς μὲν Ἀφίκτωρ ἐπίδοι προφρόνως
στόλον ἡμέτερον νάιον ἀρθέντ'
ἀπὸ προστομίων λεπτοψαμάθων
   Νείλου· Δίαν δὲ λιποῦσαι   5
χθόνα σύγχορτον Συρίᾳ φεύγομεν,
οὔτιν' ἐφ' αἵματι δημηλασίαν
   ψήφῳ πόλεως γνωσθεῖσαι,
ἀλλ' αὐτογενεῖ φυξανορίᾳ,
γάμον Αἰγύπτου παίδων ἀσεβῆ τ'   10
   ὀνοταζόμεναι ＜παράνοιαν＞.
Δαναὸς δὲ πατὴρ καὶ βούλαρχος
καὶ στασίαρχος τάδε πεσσονομῶν
  ᾗστ' ἀχέων ἐπέκρανεν,
φεύγειν ἀνέδην διὰ κῦμ' ἅλιον,   15
κέλσαι δ' Ἄργους γαῖαν, ὅθεν δὴ
γένος ἡμέτερον τῆς οἰστροδόνου
βοὸς ἐξ ἐπαφῆς κἀξ ἐπιπνοίας
   Διὸς εὐχόμενον τετέλεσται.
Τίν' ἂν οὖν χώραν εὔφρονα μᾶλλον   2
τῆσδ' ἀφικοίμεθα σὺν τοῖσδ' ἱκετῶν
ἐγχειριδίοις,
   ἐριοστέπτοισι κλάδοισιν;

Au fond de l'orchestre, un tertre portant un autel et des statues de dieux. Entre le Chœur : cinquante princesses au masque hâlé, parées de bandeaux et de voiles à la mode barbare. Cinquante suivantes les accompagnent.

Le Coryphée. – Daigne Zeus Suppliant jeter un regard favorable sur cette troupe vagabonde, dont la nef est partie des bouches au sable fin du Nil. Loin du sol de Zeus[1],

Qui confine au pays syrien, nous errons en bannies ; non qu'aucune cité ait porté contre nous la sentence d'exil qui paie le sang versé ;
Mais, pleines d'une horreur innée de l'homme, nous détestons l'hymen des enfants d'Égyptos et leur sacrilège démence.

Et Danaos, le père qui inspire tous nos desseins, qui inspira notre révolte[2], a pesé tous les coups et, parmi les douleurs, choisi celle du moins qui sauvait notre gloire :
La fuite éperdue à travers la houle des mers et la descente aux rives d'Argolide, berceau de notre race, qui s'honore d'être venue au monde de la génisse tournoyante au vol du taon sous le toucher et le souffle de Zeus[3].

En quel pays mieux disposé pour nous pourrions-nous aborder avec cet attribut des bras suppliants, ces rameaux ceints de laine[4] ?

1. Il s'agit de l'Égypte.
2. Le terme *stasiarkhos* est formé sur *stasis*, qui peut désigner la troupe formée par les Danaïdes, mais qui renvoie aussi à la guerre civile et familiale (cf. N. Loraux, *La Cité divisée*, Paris, 1997).
3. Io (voir les extraits du *Prométhée enchaîné* donnés en annexe).
4. Il s'agit de branches d'olivier entourés de bandelettes de laine blanche, portés dans la saignée du bras gauche (voir v. 193 ; cf. Aubriot-Sévin, 1992).

ὧν πόλις, ὧν γῆ καὶ λευκὸν ὕδωρ,
ὕπατοί τε θεοὶ καὶ βαρύτιμοι   25
  χθόνιοι θήκας κατέχοντες,
καὶ Ζεὺς Σωτὴρ τρίτος, οἰκοφύλαξ
ὁσίων ἀνδρῶν, δέξαιθ' ἱκέτην
τὸν θηλυγενῆ στόλον αἰδοίῳ
πνεύματι χώρας· ἀρσενοπληθῆ δ'   30
ἑσμὸν ὑβριστὴν Αἰγυπτογενῆ
πρὶν πόδα χέρσῳ τῇδ' ἐν ἀσώδει
  θεῖναι, ξὺν ὄχῳ ταχυήρει
πέμψατε πόντονδ'· ἔνθα δὲ λαίλαπι
χειμωνοτύπῳ, βροντῇ στεροπῇ τ'   35
ὀμβροφόροισίν τ' ἀνέμοις, ἀγρίας
  ἁλὸς ἀντήσαντες ὄλοιντο,
πρὶν ποτε λέκτρων ὧν θέμις εἴργει,
σφετεριξάμενοι πατραδέλφειαν
  τήνδ', ἀεκόντων ἐπιβῆναι.   40

Νῦν δ' ἐπικεκλομένα   Str. 1.
Δῖον πόρτιν ὑπερ-
πόντιον τιμάορ' ἵνίν τ' ἀνθονομού-
σας προγόνου βοὸς ἐξ ἐπιπνοίας   45
Ζηνός· ἐφάψει ἐπωνυμίᾳ δ' ἐπε-
κραίνετο μόρσιμος αἰὼν·
εὐλόγως, Ἔπαφον δ' ἐγέννασεν·

ὅντ' ἐπιλεξαμένα   Ant. 1.
νῦν ἐν ποιονόμοις
ματρὸς ἀρχαίας τόποις τῶν πρόσθε πόνων   50
μνασαμένα γονέων ἐπιδείξω
πιστὰ τεκμήρι' ἃ γαιονόμοισιν ἄ-
ελπτά περ ὄντα φανεῖται·   55
γνώσεται δὲ λόγου τις ἐν μάκει.

Ah ! puisse ce pays, son sol, ses eaux limpides, puissent les dieux du ciel et les dieux souterrains aux lourdes vengeances, habitants des tombeaux[5],

Puisse Zeus Sauveur enfin, qui garde les foyers des justes, agréer cette troupe de femmes comme leurs suppliantes, en ce pays ému d'un souffle de pitié ; et, avant qu'en essaim pressé les mâles insolents issus d'Égyptos aient foulé du pied ce sol limoneux, dieux ! avec leur vaisseau rapide,

Rejetez-les vers le large ; et qu'alors, dans la tourmente aux cinglantes rafales, dans le tonnerre et les éclairs, dans les vents chargés d'averses, ils se heurtent à une mer farouche et périssent,

Avant d'avoir, malgré le Ciel qui le défend, asservi les nièces d'un père, en montant dans des lits qui ne les veulent pas !

LE CHŒUR. — *Mais, d'abord, ma voix au-delà des mers ira appeler mon soutien, le jeune taureau né de Zeus et de la génisse qu'on vit paître ici des fleurs ; sous le souffle de Zeus, sous le toucher qui, naturellement, lui donna son nom, s'achevait le temps réservé aux Parques : Io mit au monde Épaphos.*

C'est en invoquant ce nom, en rappelant aujourd'hui, aux lieux mêmes où jadis paissait mon antique aïeule, ses malheurs d'autrefois, que je fournirai à ce pays des indices de ma naissance qui, pour inattendus, n'en paraîtront pas moins dignes de créance : on le verra bien, si l'on veut m'entendre.

---

5. Les héros (voir *Euménides*, 767-774).

Εἰ δὲ κυρεῖ τις πέλας οἰωνοπόλων   Str. 2.
ἔγγαιος οἶκτον ἀίων,
δοξάσει τις ἀκούειν ὄπα τᾶς   60
Τηρείας μήτιδος οἰκτρᾶς ἀλόχου
κιρκηλάτου τ' ἀηδόνος,

ἅτ' ἀπὸ χώρων προτέρων εἰργομένα   Ant. 2.
πενθεῖ μὲν οἶκτον ἠθέων,
ξυντίθησι δὲ παιδὸς μόρον, ὡς   65
αὐτοφόνως ὤλετο πρὸς χειρὸς ἕθεν
δυσμάτορος κότου τυχών.

Τὼς καὶ ἐγὼ φιλόδυρτος Ἰ-   Str. 3.
αονίοισι νόμοισιν
δάπτω τὰν ἀπαλὰν
Νειλοθερῆ παρειὰν   70
ἀπειρόδακρύν τε καρδίαν·
γοεδνὰ δ' ἀνθεμίζομαι,
δειμαίνουσα φίλους,
τᾶσδε φυγᾶς
Ἀερίας ἀπὸ γᾶς   75
εἴ τίς ἐστι κηδεμών.

Ἀλλά, θεοὶ γενέται, κλύετ'   Ant. 3.
εὖ τὸ δίκαιον ἰδόντες·
ἢ καὶ μὴ τέλεον
δόντες ἔχειν παρ' αἶσαν,
ὕβριν δ' ἑτοίμως στυγοῦντες,   80
πέλοιτ' ἂν ἔνδικοι γάμοις·
ἔστι δὲ κἀκ πολέμου
τειρομένοις
βωμὸς ἀρῆς φυγάσιν
ῥῦμα, δαιμόνων σέβας.

Et s'il est près de moi un homme d'ici qui sache interpréter le chant des oiseaux, à entendre ma plainte, il croira ouïr la voix de l'épouse de Térée, pitoyable en ses remords, la voix du rossignol que poursuit l'épervier.

Chassée de son séjour d'antan, elle pleure doulou-reusement sa demeure familière, tout en disant la mort de son enfant, comment il succomba sous sa main maternelle, sous ses propres coups, victime d'un courroux de mère dénaturée[6].

C'est ainsi qu'à mon tour je me plais à gémir sur les tons d'Ionie, à déchirer ensemble ma tendre joue mûrie au soleil du Nil et mon cœur novice aux larmes. Des gerbes de sanglots disent ma terreur : trouverai-je ici des frères prêts à veiller sur mon exil loin de la Terre brumeuse ?

Allons, divins auteurs de ma naissance, vous voyez où est le Droit : exaucez-nous ! Ou, si le Destin ne veut pas que le Droit ait satisfaction pleine, du moins, dans votre haine toujours prête à frapper la démesure[7], montrez votre justice en face de cet hymen. Même aux fugitifs meurtris par la guerre[8] une sauvegarde contre le malheur s'offre dans l'autel où réside la majesté des dieux.

---

6. Eschyle croise ici l'apologue du rossignol et de l'épervier (Hésiode, *Travaux*, 203, 212, à propos de l'aède et du roi injuste) et le paradigme, cher aux vierges tragiques, de la mère meurtrière et endeuillée (Procné). On notera la dimension réflexive du verbe *xuntithêsi* (le rossignol « compose » : G. Nagy, *La Poésie en acte. Homère et autres chants*, tr. fr. J. Bouffartigue, Paris, 2000, p. 27), et la portée probablement métathéâtrale des v. 58-60 (le lecteur-spectateur est invité à entendre toutes les harmoniques du mythe).

7. Rappelons qu'*hubris* désigne d'abord une violence illégitime, l'acception de « démesure » étant seconde et parfois contestable (cf. v. 31 : *hesmos hubristês*).

8. Allusion possible à une guerre contre les Égyptiades.

Εἴθ' εἴη τέλος εὖ παναλη-   Str. 4.
θῶς. Διὸς ἵμερος οὐκ   86
εὐθήρατος ἐτύχθη·
παντᾷ τοι φλεγέθει
κἀν σκότῳ μελαίνᾳ
ξὺν τύχᾳ μερόπεσσι λαοῖς.

Πίπτει δ' ἀσφαλὲς οὐδ' ἐπὶ νώ-   Ant. 4.
τῳ, Διὸς εἰ κορυφᾷ   91
κρανθῇ πρᾶγμα τέλειον·
δαυλοὶ γὰρ πραπίδων
δάσκιοί τε τείνου-
σιν πόροι κατιδεῖν ἄφραστοι.

Ἰάπτει δ' ἐλπίδων   Str. 5.
ἀφ' ὑψιπύργων πανώλεις βροτούς,   96
βίαν δ' οὔτιν' ἐξοπλίζει·
πᾶν ἄπονον δαιμόνιον·
θᾶσσον ἄνω φρόνημά πως   100
αὐτόθεν ἐξέπραξεν ἔμ-
πας ἑδράνων ἐφ' ἁγνῶν.

Ἰδέσθω δ' εἰς ὕβριν   Ant. 5.
βρότειον, οἵαν νεάζει πυθμὴν
δι' ἁμὸν γάμον τεθαλὼς   105
δυσπαραβούλοισι φρεσὶν
καὶ διάνοιαν μαινόλιν
κέντρον ἔχων ἄφυκτον, Ἄ-
τας δ' ἀπάταν μεταγνούς.   110

Τοιαῦτα πάθεα μέλεα θρεομένα λέγω   Str. 1.
λιγέα βαρέα δακρυοπετῆ,
ἰὴ ἰή, ἰηλέμοισιν ἐμπρεπῆ·   114
ζῶσα γόοις με τιμῶ.   116

Ah ! si le dénouement pouvait être celui de nos vœux ! Le désir de Zeus n'est point aisé à saisir. Mais, quoi qu'il arrive, il flamboie soudain, parfois en pleines ténèbres, escorté d'un noir châtiment, aux yeux des hommes éphémères.

Il retombe toujours d'aplomb, jamais ne va à terre[9], le sort dont Zeus a décidé d'un signe de son front qu'il devait s'achever. Les voies de la pensée divine vont à leur but par des fourrés et des ombres épaisses que nul regard ne saurait pénétrer.

Zeus précipite les mortels du haut de leurs espoirs superbes dans le néant ; mais sans s'armer de violence : rien ne coûte d'effort à un dieu. Sa pensée trône sur les cimes et de là même achève ses desseins, sans quitter son siège sacré.

Qu'il jette donc les yeux sur la démesure humaine[10], incarnée à nouveau dans la race qui, pour obtenir mon hymen, s'épanouit en funestes et folles pensées ! Un sentiment né du délire la point d'un irrésistible aiguillon, et, reniant son passé, la voici prise au piège d'Até.

Le Chœur commence à se livrer à une mimique véhémente qui doit faire violence aux dieux qu'il implore. Il déchire ses vêtements et accompagne chacun de ses refrains d'une danse sauvage.

Telles sont les tristes douleurs que disent mes cris aigus, mes sanglots sourds, mes torrents de larmes, et même, hélas ! ces clameurs qui distinguent les chants funèbres : vivante, je conduis mon propre deuil[11].

9. Image empruntée au vocabulaire de la lutte.
10. Cf. note 7.
11. On songe évidemment à *Antigone*, 810-822.

Ἱλέομαι μὲν Ἀπίαν
βοῦνιν· καρβᾶνα δ' αὐδὰν
εὖ, γᾶ, κοννεῖς;
πολλάκι δ' ἐμπίτνω ξὺν
λακίδι λινοσινεῖ   120
Σιδονίᾳ καλύπτρᾳ.

Θεοῖς δ' ἐναγέα τέλεα πελομένων καλῶς   Ant. 1.
ἐπίδρομ', ὁπόθι θάνατος ἀπῇ·
ἰὼ ἰώ, ἰὼ δυσάγκριτοι πνόοι·   125
ποῖ τόδε κῦμ' ἀπάξει;
   Ἱλέομαι μὲν Ἀπίαν
   βοῦνιν· καρβᾶνα δ' αὐδὰν
   εὖ, γᾶ, κοννεῖς;
   πολλάκι δ' ἐμπίτνω ξὺν   130
   λακίδι λινοσινεῖ
   Σιδονίᾳ καλύπτρᾳ.

Πλάτα μὲν οὖν λινορραφὴς   Str. 2.
τε δόμος ἅλα στέγων δορὸς   135
ἀχείματόν μ' ἔπεμπε σὺν πνοαῖς,
οὐδὲ μέμφομαι·
τελευτὰς δ' ἐν χρόνῳ
πατὴρ ὁ παντόπτας
πρευμενεῖς κτίσειεν.   140
   Σπέρμα σεμνᾶς μέγα μα-
   τρὸς εὐνὰς ἀνδρῶν, ἐέ,
   ἄγαμον ἀδάματον ἐκφυγεῖν.

Θέλουσα δ' αὖ θέλουσαν ἁ-   Ant. 2.
γνά μ' ἐπιδέτω Διὸς κόρα   145
ἔχουσα σέμν' ἐνώπι' ἀσφαλές,
παντὶ δὲ σθένει·
διωγμοῖς ἀσχαλῶσ'
ἀδμήτος ἀδμήτα
ῥύσιος γενέσθω.   150

*Sois-nous propice, terre montueuse d'Apis[12] ! —
M'entends-tu bien, ô terre, malgré mon accent barbare ?
— Et, sans répit, ma main s'abat, pour en mettre le lin
en pièces, sur mon voile de Sidon.*

*Vers le ciel, c'est une ruée de serments, de vœux
d'actions de grâces, quand la mort est là, qui menace.
Hélas ! hélas ! vents incertains ! où nous emportera ce flot ?*
*Sois-nous propice, terre montueuse d'Apis ! —
M'entends-tu bien, ô terre, malgré mon accent barbare ?
— Et, sans répit, ma main s'abat, pour en mettre le lin
en pièces, sur mon voile de Sidon.*

*Sans doute, la rame, la nef aux ais ceints de cordages
qui arrête l'assaut des flots m'ont conduite ici sans
tempête, avec l'aide des brises : je n'en fais point de
plainte. Mais le dénouement que j'espère, daigne le Père
qui voit tout me l'accorder en sa bonté !*
*Que les enfants d'une auguste mère échappent aux
embrassements des mâles, libres d'hymen, libres de joug !*
*Et que la chaste fille de Zeus[13], clémente à qui implore
sa clémence, laisse tomber sur moi de son visage austère
un regard assurant mon salut ! Que, de tout son pouvoir,
indignée de telle poursuite, vierge, elle sauve une vierge !*
*Que les enfants d'une auguste mère échappent aux
embrassements des mâles, libres d'hymen, libres de joug !*

12. Le Péloponnèse.
13. Artémis (voir 1031).

Σπέρμα σεμνᾶς μέγα μα-
τρὸς εὐνᾶς ἀνδρῶν, ἑέ,
ἄγαμον ἀδάματον ἐκφυγεῖν.

Εἰ δὲ μή, μελανθὲς   Str. 3.
ἡλιόκτυπον γένος   155
τὸν γάιον,
τὸν πολυξενώτατον
Ζῆνα τῶν κεκμηκότων
ἱξόμεσθα σὺν κλάδοις,
ἀρτάναις θανοῦσαι,   160
μὴ τυχοῦσαι θεῶν Ὀλυμπίων.

    Ἆ Ζῆν, Ἰοῦς, ἰώ,
    μῆνις μάστειρ' ἐκ θεῶν·
    κοννῶ δ' ἄγαν γαμετᾶς
    οὐρανόνικον· χαλεποῦ   165
    γὰρ ἐκ πνεύματος εἶσι χειμών.

Καὶ τότ' οὐ δικαίοις   Ant. 3.
Ζεὺς ἐνέξεται λόγοις,
τὸν τᾶς βοὸς   170
παῖδ' ἀτιμάσας, τὸν αὐ-
τός ποτ' ἔκτισεν γόνῳ,
νῦν ἔχων παλίντροπον
ὄψιν ἐν λιταῖσιν·
ὑψόθεν δ' εὖ κλύοι καλούμενος.   175

    ⟨Ἆ Ζῆν, Ἰοῦς, ἰώ,
    μῆνις μάστειρ' ἐκ θεῶν·
    κοννῶ δ' ἄγαν γαμετᾶς
    οὐρανόνικον· χαλεπο
    γὰρ ἐκ πνεύματος εἶσι χειμών.⟩

Sinon, avec nos teints brunis des traits du soleil, nous irons, nos rameaux suppliants en mains, vers le Zeus des enfers, le Zeus hospitalier des morts : nous nous pendrons[14], puisque nos voix n'ont pu atteindre les dieux olympiens.

Zeus ! c'est Io, hélas ! que poursuit en nous un courroux divin : je reconnais une jalousie d'épouse[15], qui triomphe du Ciel tout entier. Elle est âpre, la bourrasque d'où va sortir l'ouragan !

Alors Zeus sera livré à des récits qui diront son injustice, puisqu'il a méprisé l'enfant de ta génisse par lui-même engendré et dont il se détourne à l'heure des prières. Ah ! que plutôt, du haut des cieux, il exauce ceux qui l'appellent !

<Zeus ! c'est Io, hélas ! que poursuit en nous un courroux divin : je reconnais une jalousie d'épouse, qui triomphe du Ciel tout entier. Elle est âpre, la bourrasque d'où va sortir l'ouragan.>

14. Sur ce geste, voir Loraux, 1985.
15. Celle d'Héra, poursuivant de sa vindicte les amours de Zeus.

ΔΑΝΑΟΣ

Παῖδες, φρονεῖν χρή· ξὺν φρονοῦντι δ' ἥκετε   176
πιστῷ γέροντι τῷδε ναυκλήρῳ πατρί·
καὶ τἀπὶ χέρσου νῦν προμηθίαν λαβὼν
αἰνῶ φυλάξαι τἄμ' ἔπη δελτουμένας.
Ὁρῶ κόνιν, ἄναυδον ἄγγελον στρατοῦ·   180
σύριγγες οὐ σιγῶσιν ἀξονήλατοι·
ὄχλον δ' ὑπασπιστῆρα καὶ δορυσσόον
λεύσσω ξὺν ἵπποις καμπύλοις τ' ὀχήμασιν.
Τάχ' ἂν πρὸς ἡμᾶς τῆσδε γῆς ἀρχηγέται
ὀπτῆρες εἶεν ἀγγέλων πεπυσμένοι.   185
Ἀλλ' εἴτ' ἀπήμων εἴτε καὶ τεθηγμένος
ὠμῇ ξὺν ὀργῇ τόνδ' ἐπόρνυται στόλον,
ἄμεινόν ἐστι παντὸς εἵνεκ', ὦ κόραι,
πάγον προσίζειν τῶνδ' ἀγωνίων θεῶν·
κρεῖσσον δὲ πύργου βωμός, ἄρρηκτον σάκος.   190
Ἀλλ' ὡς τάχιστα βᾶτε καὶ λευκοστεφεῖς
ἱκτηρίας, ἀγάλματ' Αἰδοίου Διός,
σεμνῶς ἔχουσαι διὰ χερῶν εὐωνύμων
αἰδοῖα καὶ γοεδνὰ καὶ ζαχρεῖ' ἔπη
ξένους ἀμείβεσθ', ὡς ἐπήλυδας πρέπει,   195
τορῶς λέγουσαι τάσδ' ἀναιμάκτους φυγάς.
Φθογγῇ δ' ἑπέσθω πρῶτα μὲν τὸ μὴ θρασύ,
τὸ μὴ μάταιον δ' ἐκ μετωποσωφρόνων
ἴτω προσώπων ὄμματος παρ' ἡσύχου.
Καὶ μὴ πρόλεσχος μηδ' ἐφολκὸς ἐν λόγῳ   200
γένῃ· τὸ τῇδε κάρτ' ἐπίφθονον γένος.
Μέμνησο δ' εἴκειν· χρεῖος εἶ ξένη φυγάς·
θρασυστομεῖν γὰρ οὐ πρέπει τοὺς ἥσσονας.

Danaos, entré dans l'orchestre derrière ses filles,
est monté sur le tertre, d'où il a longuement observé
l'horizon. Il s'adresse soudain au Chœur.

DANAOS. — Mes enfants, la prudence doit être notre
loi : c'est en prudent pilote qu'ici vous a conduites le vieux
père en qui vous avez foi, et maintenant, à terre, ma
prévoyance encore vous engage à garder mes avis bien
gravés en vous. Je vois une poussière, messagère muette
d'une armée. Des moyeux crient, qu'entraînent leurs
essieux. J'aperçois une troupe portant le bouclier, armée
du javelot, avec des chevaux et des chars recourbés[16]. Sans
doute des chefs de ce pays viennent-ils nous examiner,
avertis par quelque message. Mais, que celui qui conduit
l'élan de cette troupe arrive ici sans intention méchante
ou qu'il ait, au contraire, aiguisé des instincts cruels, mieux
vaut, pour tout prévoir, mes filles, vous asseoir sur ce tertre
consacré aux dieux d'une cité : encore mieux qu'un
rempart, un autel est un infrangible bouclier. Allons, hâtez-
vous, et, vos rameaux aux blanches guirlandes, attributs
de Zeus Suppliant, pieusement tenus sur le bras gauche,
répondez aux étrangers en termes suppliants, gémissants
et éplorés, ainsi qu'il convient à des arrivants, en disant
nettement que votre exil n'est pas taché de sang. Qu'aucune
assurance ne soutienne votre voix ; qu'aucune effronterie,
sur vos visages au front modeste, ne se lise en votre regard
posé. Enfin, ni ne prenez trop vite la parole ni ne la gardez
trop longtemps : les gens d'ici sont irritables. Sache céder ;
tu es une étrangère, une exilée dans la détresse : un langage
trop assuré ne convient pas aux faibles.

---

16. Voir *Sept contre Thèbes*, 78 s. On notera les perceptions
successives qui marquent l'arrivée accélérée de l'armée : poussière
soulevée au loin ; bruit stridents des chars (*suringes ou sigôsin…*), détails
visuels plus précis.

ΧΟ. Πάτερ, φρονούντως πρὸς φρονοῦντας ἐννέπεις·
    φυλάξομαι δὲ τάσδε μεμνῆσθαι σέθεν   205
    κεδνὰς ἐφετμάς· Ζεὺς δὲ γεννήτωρ ἴδοι.   206

ΔΑ. Ἴδοιτο δῆτα πρευμενοῦς ἀπ' ὄμματος.   210

ΧΟ. Κείνου θέλοντος εὖ τελευτήσει τάδε.   211

ΔΑ. Μή νυν σχόλαζε, μηχανῆς δ' ἔστω κράτος.   207

ΧΟ. Θέλοιμ' ἂν ἤδη σοι πέλας θρόνους ἔχειν.
    Ὦ Ζεῦ, κόπων οἴκτιρε μὴ ἀπολωλότας.   209

ΔΑ. Καὶ Ζηνὸς ἶνιν τόνδε νῦν κικλήσκετε.   212

ΧΟ. Καλοῦμεν αὐγὰς Ἡλίου σωτηρίους.

ΔΑ. Ἁγνόν τ' Ἀπόλλω, φυγάδ' ἀπ' οὐρανοῦ θεόν.

ΧΟ. Εἰδὼς ἂν αἶσαν τήνδε συγγνοίη βροτοῖς.   215

ΔΑ. Συγγνοῖτο δῆτα καὶ παρασταίη πρόφρων.

ΧΟ. Τίν' οὖν κικλήσκω τῶνδε δαιμόνων ἔτι;

ΔΑ. Ὁρῶ τρίαιναν τήνδε σημεῖον θεοῦ.

ΧΟ. Ἀλλ' εὖ τ' ἔπεμψεν εὖ τε δεξάσθω χθονί.

ΔΑ. Ἑρμῆς ὅδ' ἄλλος τοῖσιν Ἑλλήνων νόμοις.   220

ΧΟ. Ἐλευθέροις νυν ἐσθλὰ κηρυκευέτω.

Le Coryphée. — Père, tu parles de prudence à des enfants prudents : j'aurai soin de me rappeler tes sages avis. Mais que Zeus notre aïeul jette un regard sur nous !

Danaos. — Oui, qu'il nous regarde ici d'un œil clément !

Le Coryphée. — Qu'il le veuille seulement, et tout s'achève à notre gré.

Danaos. — Alors, ne tarde plus, use de mon conseil.

Le Coryphée. — Je voudrais déjà être assise à ton côté. *(Le Chœur monte sur le tertre et salue d'abord une statue de Zeus.)* Ô Zeus, prends pitié de nos peines, avant que nous n'y succombions !

Danaos. — Invoquez encore le fils de Zeus que voilà.

Le Coryphée. — Je salue les rayons sauveurs du Soleil.

Danaos. — Qui est aussi le pur Apollon, dieu jadis exilé du ciel.

Le Coryphée. — À un sort qu'il connaît, il doit compatir[17].

Danaos. — Qu'il compatisse donc et nous assiste en sa bonté !

Le Coryphée. — Quelle de ces divinités dois-je invoquer encore ?

Danaos. — Je vois là un trident, attribut d'un dieu[18].

Le Coryphée. — Ainsi qu'il nous y a conduites, qu'il daigne ici nous accueillir !

Danaos. — Et voici encore un Hermès à la mode grecque.

Le Coryphée. — Ah ! qu'il nous signifie donc un doux message de liberté !

17. Apollon s'était vengé sur les Cyclopes de la mort d'Asclépios, foudroyé par Zeus : ce dernier l'envoya pendant un an comme esclave chez Admète, en Thessalie.
18. Poséidon.

ΔΑ. Πάντων δ' ἀνάκτων τῶνδε κοινοβωμίαν
     σέβεσθ'· ἐν ἁγνῷ δ' ἑσμὸς ὡς πελειάδων
     ἵζεσθε κίρκων τῶν ὁμοπτέρων φόβῳ,
     ἐχθρῶν ὁμαίμων καὶ μιαινόντων γένος·   225
     ὄρνιθος ὄρνις πῶς ἂν ἁγνεύοι φαγών;
     πῶς δ' ἂν γαμῶν ἄκουσαν ἄκοντος πάρα
     ἁγνὸς γένοιτ' ἄν; οὐδὲ μὴ 'ν Ἅιδου θανών
     φύγῃ ματαίων αἰτίας πράξας τάδε·
     κἀκεῖ δικάζει τἀμπλακήμαθ', ὡς λόγος,   230
     Ζεὺς ἄλλος ἐν καμοῦσιν ὑστάτας δίκας.
     Σκοπεῖτε κἀμείβεσθε τόνδε τὸν τρόπον,
     ὅπως ἂν ὑμῖν πρᾶγος εὖ νικᾷ τόδε.

ΒΑΣΙΛΕΥΣ
     Ποδαπὸν ὅμιλον τόνδ' ἀνελληνόστολον
     πέπλοισι βαρβάροισι κἀμπυκώμασιν   235
     χλίοντα προσφωνοῦμεν; οὐ γὰρ Ἀργολὶς
     ἐσθὴς γυναικῶν οὐδ' ἀφ' Ἑλλάδος τόπων.
     Ὅπως δὲ χώραν οὔτε κηρύκων ὕπο
     ἀπρόξενοί τε, νόσφιν ἡγητῶν, μολεῖν
     ἔτλητ' ἀτρέστως, τοῦτο θαυμαστὸν πέλει.   240
     Κλάδοι γε μὲν δὴ κατὰ νόμους ἀφικτόρων
     κεῖνται παρ' ὑμῖν πρὸς θεοῖς ἀγωνίοις·
     μόνον τόδ' Ἑλλὰς χθὼν συνοίσεται στόχῳ.
     Καὶ τἆλλα πόλλ' ἐπεικάσαι δίκαιον ἦν,
     εἰ μὴ παρόντι φθόγγος ἦν ὁ σημανῶν.   245

ΧΟ. Εἴρηκας ἀμφὶ κόσμον ἀψευδῆ λόγον·
     ἐγὼ δὲ πρός σε πότερον ὡς ἔτην λέγω,
     ἢ τηρὸν ἱερόραβδον, ἢ πόλεως ἀγόν;

DANAOS. — Et de même à tous les seigneurs de cet autel commun adressez ensemble votre hommage. Puis asseyez-vous dans le sanctuaire, tel un vol de colombes fuyant des éperviers – leurs frères pourtant ! frères changés en ennemis, qui veulent se souiller d'un crime à l'égard de leur propre race. L'oiseau reste-t-il pur, qui mange chair d'oiseau ? Comment donc serait pur celui qui veut prendre une femme malgré elle, malgré son père ? Non, même dans l'Hadès, il n'échappera point au chef de luxure[19], si telle fut sa conduite. Et là encore, il est, dit-on, un autre Zeus, qui, sur toutes fautes, prononce chez les morts des sentences suprêmes. – Veillez à répondre en ce sens, si vous voulez voir triompher votre cause.

Le Roi entre, sur son char, suivi d'une escorte armée.

LE ROI. — D'où vient donc cette troupe à l'accoutrement si peu grec, fastueusement parée de robes et de bandeaux barbares, à qui je parle ici ? Ce n'est point là le vêtement des femmes ni à Argos ni dans aucun pays de Grèce. Et pourtant, que vous ayez osé, intrépides, venir jusqu'ici sans hérauts ni proxènes[20] – sans guides ! –, voilà qui me surprend. Je vois chez vous, il est vrai, des rameaux suppliants déposés suivant le rite aux pieds des dieux de la cité : en cela seulement, la conjecture peut retrouver la Grèce. Mainte autre supposition serait justifiée encore ; mais tu es là, et, pour t'expliquer, tu as la parole.

LE CORYPHÉE. — Tu n'as point fait erreur sur notre parure. Mais moi, en te parlant, à qui parlé-je ici ? Est-ce à un citoyen ? à un héraut, porteur de la baguette sainte ? au chef de la cité ?

19. Il s'agit plutôt de « folie » ou d'« impiété ».
20. Un proxène accueille et protège dans sa cité les citoyens venus d'une autre cité, où il est reconnu comme tel.

ΒΑ. Πρὸς ταῦτ' ἀμείβου καὶ λέγ' εὐθαρσὴς ἐμοί·
τοῦ γηγενοῦς γάρ εἰμ' ἐγὼ Παλαίχθονος   250
ἶνις Πελασγός, τῆσδε γῆς ἀρχηγέτης·
ἐμοῦ δ' ἄνακτος εὐλόγως ἐπώνυμον
γένος Πελασγῶν τήνδε καρποῦται χθόνα·
καὶ πᾶσαν αἶαν ἧς δι', ἁγνὸς ἔρχεται
Στρυμών, τὸ πρὸς δύνοντος ἡλίου, κρατῶ·   255
ὁρίζομαι δὲ τήν τε Περραιβῶν χθόνα,
Πίνδου τε τἀπέκεινα, Παιόνων πέλας,
ὄρη τε Δωδωναῖα· συντέμνει δ' ὅρος
ὑγρᾶς θαλάσσης· τῶνδε τἀπὶ τάδε κρατῶ.
Αὐτῆς δὲ χώρας Ἀπίας πέδον τόδε   260
πάλαι κέκληται φωτὸς ἰατροῦ χάριν.
Ἆπις γὰρ ἐλθὼν ἐκ πέρας Ναυπακτίας
ἰατρόμαντις παῖς Ἀπόλλωνος χθόνα
τήνδ' ἐκκαθαίρει κνωδάλων βροτοφθόρων,
τὰ δὴ παλαιῶν αἱμάτων μιάσμασιν   265
χρανθεῖσ' ἀνῆκε γαῖα μηνίσασ' ἄχη,
δρακονθόμιλον δυσμενῆ ξυνοικίαν.
Τούτων ἄκη τομαῖα καὶ λυτήρια
πράξας ἀμέμπτως Ἆπις Ἀργείᾳ χθονὶ
μνήμην ποτ' ἀντίμισθον ηὕρετ' ἐν λιταῖς.   270
Ἔχουσα δ' ἤδη τἀπ' ἐμοῦ τεκμήρια
γένος τ' ἂν ἐξεύχοιο καὶ λέγοις πρόσω.
Μακράν γε μὲν δὴ ῥῆσιν οὐ στέργει πόλις.

ΧΟ. Βραχὺς τορός θ' ὁ μῦθος· Ἀργεῖαι γένος
ἐξευχόμεσθα σπέρμα τ' εὐτέκνου βοός·   275
καὶ ταῦτ' ἀληθῆ πάντα προσφύσω λόγῳ.

LE ROI. — Pour cela, tu peux me répondre et parler en toute assurance. Je suis le fils de Palaichtôn, qui naquit de la Terre, Pélasgos, chef suprême de ce pays ; et le peuple des Pélasges qui cultive ce sol a naturellement pris le nom de son roi. Je suis maître de tout le pays que traverse le Strymon sacré, à partir de sa rive occidentale. J'englobe les terres des Perrhèbes, et celles qui, au-delà du Pinde, touchent à la Péonie, et les montagnes de Dodone, jusqu'au point où les eaux des mers viennent former ma frontière : en-deçà, tout m'appartient[21]. Quant à ce pays d'Apis, son sol a reçu ce nom en mémoire d'un guérisseur des temps antiques, un fils d'Apollon, prophète médecin venu du rivage voisin de Naupacte, pour nettoyer cette contrée de monstres homicides, fléaux qu'un jour la Terre déchaîna, irritée des souillures dont l'avaient salie des meurtres anciens – serpents pullulants, cruels compagnons. Apis, par des remèdes décisifs, libéra tout le pays d'indiscutable façon et, pour son salaire, vit son nom à jamais mêlé aux prières d'Argos. Tu as maintenant de quoi me connaître. Déclare-moi ta race, dis-moi tout ; mais n'oublie pas que ce pays répugne aux longs discours.

LE CORYPHÉE. — Je parlerai bref et net. Nous nous honorons d'être de race argienne et de descendre d'une génisse féconde. Tout cela est vrai, et, si je puis parler, je saurai l'établir.

---

21. Ces précisions géographiques dessinent un territoire qui englobe, outre le Péloponnèse, une bonne partie de la Grèce continentale.

ΒΑ. Ἄπιστα μυθεῖσθ', ὦ ξέναι, κλύειν ἐμοί,
ὅπως τόδ' ὑμῖν ἐστιν Ἄργεῖον γένος·
Λιβυστικαῖς γὰρ μᾶλλον ἐμφερέστεραι
γυναιξίν ἐστε κοὐδαμῶς ἐγχωρίαις·   280
καὶ Νεῖλος ἂν θρέψειε τοιοῦτον φυτόν·
Κύπριος χαρακτήρ τ' ἐν γυναικείοις τύποις
εἰκὼς πέπληκται τεκτόνων πρὸς ἀρσένων·
Ἰνδούς τ' ἀκούω νομάδας ἱπποβάμοσιν
εἶναι καμήλοις ἀστραβιζούσας, χθόνα   285
παρ' Αἰθίοψιν ἀστυγειτονουμένας·
καὶ τὰς ἀνάνδρους κρεοβόρους Ἀμαζόνας,
εἰ τοξοτευχεῖς ἦτε, κάρτ' ἂν ἤκασα
ὑμᾶς. Διδαχθεὶς <δ'> ἂν τόδ' εἰδείην πλέον,
ὅπως γένεθλον σπέρμα τ' Ἄργεῖον τὸ σόν.   290

ΧΟ. Κληδοῦχον Ἥρας φασὶ δωμάτων ποτὲ
Ἰὼ γενέσθαι τῇδ' ἐν Ἀργείᾳ χθονί;

ΒΑ. Ἦν ὡς μάλιστα, καὶ φάτις πολλὴ κρατεῖ.

ΧΟ. Μὴ καὶ λόγος τις Ζῆνα μειχθῆναι βροτῷ;   295

ΒΑ. Κἄκρυπτά γ' Ἥρας ταῦτα τἀμπαλάγματα.

ΧΟ. Πῶς οὖν τελευτᾷ βασιλέων νείκη τάδε;

ΒΑ. Βοῦν τὴν γυναῖκ' ἔθηκεν Ἀργεία θεός.

ΧΟ. Οὔκουν πελάζει Ζεὺς ἔτ' εὐκραίρῳ βοΐ;   300

ΒΑ. Φασίν, πρέπονται βουθόρῳ ταύρῳ δέμας.

ΧΟ. Τί δῆτα πρὸς ταῦτ' ἄλοχος ἰσχυρὰ Διός;

ΒΑ. Τὸν πάνθ' ὁρῶντα φύλακ' ἐπέστησεν βοΐ.

LE ROI. — Votre langage, étrangères, semble incroyable
à mes oreilles : d'où vous viendrait telle origine ? Ce sont
les Libyennes que vous rappelez, bien plutôt que les Argiennes. Le Nil encore pourrait nourrir plantes pareilles. Le type
chypriote que, comme dans un moule, frappent les mâles au
sein des femmes, ressemble également au vôtre. J'ai ouï parler aussi d'Indiennes nomades, qui chevauchent des cha-
meaux sur des selles à dossier à travers les régions qui avoi-
sinent l'Éthiopie. Ou des Amazones, vierges carnassières[22] !
voilà peut-être encore pour qui je vous prendrais, si vous
aviez des arcs. Mais instruisez-moi : que je comprenne mieux
comment votre origine, votre sang peuvent être argiens.

LE CORYPHÉE. — Ne dit-on pas qu'il y eut jadis ici,
en Argolide, une gardienne du temple d'Héra, Io ?

LE ROI. — Oui, sans nul doute : la tradition en est bien
établie[23].

LE CORYPHÉE. — Un récit ne dit-il pas aussi que Zeus
l'aima, bien que simple mortelle ?

LE ROI. — Et leurs étreintes n'échappèrent point à Héra.

LE CORYPHÉE. — Et comment finit la querelle royale ?

LE ROI. — La déesse d'Argos, de la femme, fit une
génisse.

LE CORYPHÉE. — Et Zeus approcha-t-il encore la
génisse cornue ?

LE ROI. — On le dit, sous la forme d'un taureau
saillisseur.

LE CORYPHÉE. — Que fit alors l'opiniâtre épouse
de Zeus ?

LE ROI. — À la génisse elle donna un gardien qui vît tout.

22. La mention des Amazones n'est pas indifférente ici, compte tenu
du geste à venir des Danaïdes (cf. *Prométhée enchaîné*, 723-724). Pour le
parallèle, voir Iriarte Goñi, 2002, p. 104-105.

23. L'ordre des vers et l'attribution des répliques sont fort discutés
ici (voir l'introduction).

ΧΟ. Ποῖον πανόπτην οἰοβουκόλον λέγεις;

ΒΑ. Ἄργον, τὸν Ἑρμῆς παῖδα γῆς κατέκτανεν.   305

ΧΟ. Τί οὖν ἔτευξεν ἄλλο δυσπότμῳ βοΐ;

ΒΑ. Βοηλάτην μύωπα κινητήριον.

ΧΟ. Οἶστρον καλοῦσιν αὐτὸν οἱ Νείλου πέλας.

ΒΑ. Τοιγάρ νιν ἐκ γῆς ἤλασεν μακρῷ δρόμῳ.

ΧΟ. Καὶ ταῦτ' ἔλεξας πάντα συγκόλλως ἐμοί.   310

ΒΑ. Καὶ μὴν Κάνωβον κἀπὶ Μέμφιν ἵκετο.

ΧΟ. Καὶ Ζεύς γ' ἐφάπτωρ χειρὶ φιτύει γόνον.

ΒΑ. Τίς οὖν ὁ Δῖος πόρτις εὔχεται βοός;

ΧΟ. Ἔπαφος ἀληθῶς ῥυσίων ἐπώνυμος.

ΒΑ.   315

ΧΟ. Λιβύη, μέγιστον γῆς <μέρος> καρπουμένη.

ΒΑ. Τίν' οὖν ἔτ' ἄλλον τῆσδε βλαστημὸν λέγεις;

ΧΟ. Βῆλον δίπαιδα, πατέρα τοῦδ' ἐμοῦ πατρός.

ΒΑ. Τὸ πάνσοφον νῦν ὄνομα τοῦτό μοι φράσον.

ΧΟ. Δαναός, ἀδελφὸς δ' ἐστὶ πεντηκοντάπαις.   320

ΒΑ. Καὶ τοῦδ' ἄνοιγε τοὔνομ' ἀφθόνῳ λόγῳ.

ΧΟ. Αἴγυπτος· εἰδὼς δ' ἀμὸν ἀρχαῖον γένος
     πράσσοις ἂν ὡς Ἀργεῖον ἀντήσας στόλον.

LE CORYPHÉE. — Quel fut donc ce gardien voyant tout, attaché à la seule génisse ?

LE ROI. — Argos, fils de la Terre, qui fut tué par Hermès.

LE CORYPHÉE. — Qu'inventa-t-elle alors pour la pauvre génisse ?

LE ROI. — Un insecte affolant qui pourchasse les bœufs.

LE CORYPHÉE. — Près du Nil, les gens disent « un taon » !

LE ROI. — Aussi la chasse-t-il d'Argos pour des courses sans fin.

LE CORYPHÉE. — Là aussi, ton récit concorde avec le mien !

LE ROI. — Et elle arrive enfin à Canope et Memphis.

LE CORYPHÉE. — Où Zeus la touche de sa main et fonde ainsi sa race !

LE ROI. — Quel taureau, fils de Zeus, s'honore d'avoir pour mère la génisse ?

LE CORYPHÉE. — Épaphos, dont le nom véridique dit la délivrance d'Io.

LE ROI. — Et d'Épaphos qui donc est né ?

LE CORYPHÉE. — Libye, qui tient la plus grande des parties du monde.

LE ROI. — Et quel autre rameau connais-tu sorti d'elle ?

LE CORYPHÉE. — Bélos, qui eut deux fils et fut père de mon père.

LE ROI. — Et lui, révèle-moi le nom donné à sa sagesse.

LE CORYPHÉE. — Danaos, et il a un frère, père de cinquante fils.

LE ROI. — Dis-moi son nom aussi : ne me refuse rien.

LE CORYPHÉE. — Égyptos. Tu connais maintenant mon antique origine : traite donc en Argiennes celles dont la troupe est ici devant toi.

ΒΑ. Δοκεῖτε <μέν> μοι τῆσδε κοινωνεῖν χθονός
τἀρχαῖον· ἀλλὰ πῶς πατρῷα δώματα   325
λιπεῖν ἔτλητε ; τίς κατέσκηψεν τύχη ;

ΧΟ. Ἄναξ Πελασγῶν, αἰόλ' ἀνθρώπων κακά·
πόνου δ' ἴδοις ἂν οὐδαμοῦ ταὐτὸν πτερόν·
ἐπεὶ τίς ηὔχει τήνδ' ἀνέλπιστον· φυγήν
κέλσειν ἐς Ἄργος κῆδος ἐγγενὲς τὸ πρίν,   330
ἔχθει μεταπτοιοῦσαν εὐναίων γάμων ;

ΒΑ. Τί φῂς ἱκνεῖσθαι τῶνδ' ἀγωνίων θεῶν,
λευκοστεφεῖς ἔχουσα νεοδρέπτους κλάδους ;

ΧΟ. Ὡς μὴ γένωμαι δμωὶς Αἰγύπτου γένει.

ΒΑ. Πότερα κατ' ἔχθραν ; ἢ τὸ μὴ θέμις λέγεις ; 335

ΧΟ. Τίς δ' ἂν φίλους ὤνοιτο τοὺς κεκτημένους ;

ΒΑ. Σθένος μὲν οὕτως μεῖζον αὔξεται βροτοῖς.

ΧΟ. Καὶ δυστυχούντων γ' εὐμαρὴς ἀπαλλαγή.

ΒΑ. Πῶς οὖν πρὸς ὑμᾶς εὐσεβὴς ἐγὼ πέλω ;

ΧΟ. Αἰτοῦσι μὴ 'κδῷς παισὶν Αἰγύπτου πάλιν.   340

ΒΑ. Βαρέα σύ γ' εἶπας, πόλεμον ἄρασθαι νέον.

ΧΟ. Ἀλλ' ἡ δίκη γε ξυμμάχων ὑπερστατεῖ.

ΒΑ. Εἴπερ γ' ἀπ' ἀρχῆς πραγμάτων κοινωνὸς ἦν.

LE ROI. — Vous semblez en effet avoir d'antiques liens avec notre pays. Mais comment avez-vous osé quitter le palais paternel ? Quel destin s'est abattu sur vous ?

LE CORYPHÉE. — Roi des Pélasges, les malheurs humains ont des teintes multiples – jamais ne se retrouve même nuance de douleur. Qui eût imaginé que cet exil imprévu ferait aborder à Argos une race jadis sœur de la vôtre et la transplanterait ici par horreur du lit conjugal ?

LE ROI. — Que demandes-tu donc en suppliante aux dieux de la cité, avec ces rameaux frais coupés aux bandelettes blanches ?

LE CORYPHÉE. — De n'être pas esclave des fils d'Égyptos.

LE ROI. — Est-ce question de haine ? – ou veux- tu dire qu'ils t'offrent un sort infâme ?

LE CORYPHÉE. — Qui aimerait des maîtres qu'il lui faut payer ?

LE ROI. — C'est ainsi qu'on accroît la force des maisons[24].

LE CORYPHÉE. — Et aussi qu'à la misère on trouve un remède aisé !

LE ROI. — Comment puis-je avec vous, satisfaire à la loi des dieux ?

LE CORYPHÉE. — S'ils me réclament, ne me livre pas aux fils d'Égyptos.

LE ROI. — Mots terribles ! soulever une guerre incertaine !

LE CORYPHÉE. — La justice combat avec qui la défend.

LE ROI. — Oui, si du premier jour elle fut avec vous.

24. Il faut comprendre que le mariage est bénéfique même s'il ne s'accompagne pas d'amour. Il y a peut-être là une allusion à l'épiclérat, qui conduisait une jeune héritière à épouser un proche parent du père pour que le patrimoine demeurât dans la famille.

ΧΟ. Αἰδοῦ σὺ πρύμναν πόλεος ὧδ' ἐστεμμένην.

ΒΑ. Πέφρικα λεύσσων τάσδ' ἕδρας κατασκίους·   345

ΧΟ. Βαρύς γε μέντοι Ζηνὸς Ἱκεσίου κότος.

    Παλαίχθονος τέκος, κλῦθί μου   Str. 1.
    πρόφρονι καρδίᾳ, Πελασγῶν ἄναξ·
    ἴδε με τὰν ἱκέτιν φυγάδα περίδρομον,
    λυκοδίωκτον ὡς δάμαλιν ἂμ πέτραις   350
    ἠλιβάτοις, ἵν' ἀλ-
    κᾷ πίσυνος μέμυκε φρά-
    ζουσα βοτῆρι μόχθους.

ΒΑ. Ὁρῶ κλάδοισι νεοδρόποις κατάσκιον
    νέον θ' ὅμιλον τῶνδ' ἀγωνίων θεῶν·   355
    εἴη δ' ἄνατον πρᾶγμα τοῦτ' ἀστοξένων,
    μηδ' ἐξ ἀέλπτων κἀπρομηθήτων πόλει
    νεῖκος γένηται· τῶν γὰρ οὐ δεῖται πόλις.

ΧΟ. Ἴδοιτο δῆτ' ἄνατον φυγὰν   Ant. 1.
    Ἱκεσία Θέμις Διὸς Κλαρίου·   360
    σὺ δὲ παρ' ὀψιγόνου μάθε γεραρὰ φρονῶν·
    ποτιτρόπαιον αἰδόμενος εὐπορεῖς·
    ἱεροδόκα θεῶν
    – ⏑ – ⏑ – ⏑ –
    λήματ' ἀπ' ἀνδρὸς ἁγνοῦ.

ΒΑ. Οὔτοι κάθησθε δωμάτων ἐφέστιοι   365
    ἐμῶν· τὸ κοινὸν δ' εἰ μιαίνεται πόλις,
    ξυνῇ μελέσθω λαὸς ἐκπονεῖν ἄκη·
    ἐγὼ δ' ἂν οὐ κραίνοιμ' ὑπόσχεσιν πάρος,
    ἀστοῖς δὲ πᾶσι τῶνδε κοινώσας πέρι.

Le Coryphée. — Respecte pareilles offrandes à la poupe du vaisseau argien.

Le Roi. — Je frémis à voir nos autels ombragés de ces rameaux.

Le Coryphée. — Avoue-le : il est terrible aussi le courroux de Zeus Suppliant !

Le Chœur. — *Ô fils de Palaichtôn, prince des Pélasges, prête-moi un cœur bienveillant. Vois ici une suppliante, une fugitive éperdue, semblable à la génisse pourchassée du loup[25], qui s'assure au secours de rocs escarpés, puis, meuglante, conte sa peine à son bouvier.*

Le Roi. — Je vois à l'ombre de rameaux frais coupés d'étranges fidèles devant les dieux de ma cité. Puisse la cause de ces concitoyens-étrangers ne point créer de maux ! Que nulle querelle, à l'improviste, par surprise, n'en résulte pour Argos : Argos n'en a pas besoin.

Le Chœur. — *Oui, pour que notre exil ne crée point de maux, daigne Thémis Suppliante, fille de Zeus qui répartit les destins, jeter un regard sur nous ! Malgré ton âge et ton savoir, apprends-le de plus jeune que toi : à qui respecte le suppliant ira la prospérité ; les temples divins ouverts aux offrandes <ne reçoivent comme agréable que ce qu'ils reçoivent> d'un mortel sans tache.*

Le Roi. — Vous n'êtes pas assises à mon propre foyer : si la souillure est pour Argos, pour la cité entière, que le peuple entier s'occupe d'en découvrir le remède[26]. Pour moi, je ne saurais te faire de promesse, avant d'avoir communiqué les faits à tous les Argiens.

---

25. L'image varie celle des colombes et de l'épervier ; elle trahit peut-être l'identification à Io.

26. Cette phrase annonce le débat qui va opposer le Chœur, considérant Pélasgos comme le maître absolu de la cité, et le roi, soucieux de respecter les procédures démocratiques.

ΧΟ.   Σύ τοι πόλις, σὺ δὲ τὸ δήμιον,   Str. 2.
πρύτανις ἄκριτος ὢν   371
κρατύνεις βωμόν, ἑστίαν χθονός,
μονοψήφοισι νεύμασιν σέθεν,
μονοσκήπτροισι δ᾽ ἐν θρόνοις χρέος
πᾶν ἐπικραίνεις· ἄγος φυλάσσου.   375

ΒΑ.   Ἄγος μὲν εἴη τοῖς ἐμοῖς παλιγκότοις,
ὑμῖν δ᾽ ἀρήγειν οὐκ ἔχω βλάβης ἄτερ·
οὐδ᾽ αὖ τόδ᾽ εὔφρον, τάσδ᾽ ἀτιμάσαι λιτάς·
ἀμηχανῶ δὲ καὶ φόβος μ᾽ ἔχει φρένας
δρᾶσαί τε μὴ δρᾶσαί τε καὶ τύχην ἑλεῖν.   380

ΧΟ.   Τὸν ὑψόθεν σκοπὸν ἐπισκόπει,   Ant. 2.
φύλακα πολυπόνων
βροτῶν, οἳ τοῖς πέλας προσήμενοι
δίκας οὐ τυγχάνουσιν ἐννόμου·
μένει τοι Ζηνὸς Ἱκταίου κότος   385
δυσπαραθέλκτους παθόντος οἴκτοις.

ΒΑ.   Εἴ τοι κρατοῦσι παῖδες Αἰγύπτου σέθεν
νόμῳ πόλεως φάσκοντες ἐγγύτατα γένους
εἶναι, τίς ἂν τοῖσδ᾽ ἀντιωθῆναι θέλοι;
δεῖ τοι σὲ φεύγειν κατὰ νόμους τοὺς οἴκοθεν   390
ὡς οὐκ ἔχουσι κῦρος οὐδὲν ἀμφὶ σοῦ.

ΧΟ.   Μή τί ποτ᾽ οὖν γενοίμαν ὑποχείριος   Str. 3.
κάρτεσιν ἀρσένων· ὕπαστρον δέ τοι
μῆχαρ ὁρίζομαι γάμου δύσφρονος
φυγάν· ξύμμαχον δ᾽ ἑλόμενος δίκαν   395
κρῖνε σέβας τὸ πρὸς θεῶν.

Le Chœur. — *C'est toi, la cité ; c'est toi, le Conseil ; chef sans contrôle, tu es le maître de l'autel, foyer commun du pays, il n'est point d'autres suffrages que les signes de ton front, d'autre sceptre que celui que tu tiens sur ton trône ; toi seul décides de tout : garde-toi d'une souillure.*

Le Roi. — La souillure soit pour mes ennemis ! Mais vous secourir, je ne le puis sans dommage. Et pourtant il m'est pénible aussi de dédaigner vos prières. Je ne sais que faire ; l'angoisse prend mon cœur : dois-je agir ou ne pas agir ? Dois-je tenter le Destin ?

Le Chœur. — *Regarde vers celui qui d'en haut tout regarde, le protecteur des mortels douloureux qui, aux genoux de leurs frères[27], n'obtiennent pas le droit que la loi leur donne. Songes-y : le courroux de Zeus Suppliant attend tous ceux qui restent insensibles aux plaintes de qui souffre.*

Le Roi. — Si les fils d'Égyptos ont pouvoir sur toi, de par la loi de ton pays, dès lors qu'ils se déclarent tes plus proches parents, qui pourrait s'opposer à eux ? Il te faut, toi, plaider que les lois de chez vous ne leur donnent point sur toi de tutelle.

Le Chœur. — *Ah ! que jamais je ne tombe au pouvoir des mâles vainqueurs ! Fuir, sans guides que les étoiles, voilà le lot que plutôt je m'assigne, s'il me préserve d'un hymen odieux. Va, fais alliance avec la Justice : prends une décision qui d'abord respecte les dieux.*

---

27. Littéralement : « de leurs prochains ».

ΒΑ. Οὐκ εὔκριτον τὸ κρῖμα· μή μ' αἱροῦ κριτήν·
     εἶπον δὲ καὶ πρίν, οὐκ ἄνευ δήμου τάδε
     πράξαιμ' ἄν, οὐδέπερ κρατῶν· καὶ μήποτε
     εἴπῃ λεώς, εἴ πού τι καὶ τοῖον τύχοι·   400
     « Ἐπήλυδας τιμῶν ἀπώλεσας πόλιν ».

ΧΟ. Ἀμφοτέροις ὁμαίμων τάδ' ἐπισκοπεῖ   Ant. 3.
     Ζεὺς ἑτερορρεπής, νέμων εἰκότως
     ἄδικα μὲν κακοῖς, ὅσια δ' ἐννόμοις·
     τί τῶνδ' ἐξ ἴσου ῥεπομένων μεταλ-   405
     γεῖς τὸ δίκαιον ἔρξαι;

ΒΑ. Δεῖ τοι βαθείας φροντίδος σωτηρίου,
     δίκην κολυμβητῆρος, ἐς βυθὸν μολεῖν
     δεδορκὸς ὄμμα μηδ' ἄγαν ᾠνωμένον,
     ὅπως ἄνατα ταῦτα πρῶτα μὲν πόλει,   410
     αὐτοῖσί θ' ἡμῖν ἐκτελευτήσει καλῶς,
     καὶ μήτε δῆρις ῥυσίων ἐφάψεται
     μήτ' ἐν θεῶν ἕδραισιν ὧδ' ἱδρυμένας
     ἐκδόντες ὑμᾶς τὸν πανώλεθρον θεὸν
     βαρὺν ξύνοικον θησόμεσθ' ἀλάστορα,   415
     ὃς οὐδ' ἐν Ἅιδου τὸν θανόντ' ἐλευθεροῖ.
     Μῶν οὐ δοκεῖ δεῖν φροντίδος σωτηρίου;

ΧΟ. Φρόντισον καὶ γενοῦ πανδίκως   Str. 1.
     εὐσεβὴς πρόξενος·
     τὰν φυγάδα μὴ προδῷς,   420
     τὰν ἔκαθεν ἐκβολαῖς
     δυσθέοις ὀρμέναν·

     μηδ' ἴδῃς μ' ἐξ ἑδρᾶν πολυθέων   Ant. 1.
     ῥυσιασθεῖσαν, ὦ
     πᾶν κράτος ἔχων χθονός·   425
     γνῶθι δ' ὕβριν ἀνέρων
     καὶ φύλαξαι κότον.

Le Roi. — Décider ici n'est point facile : ne t'en remets pas à moi pour décider. Je te l'ai dit déjà : quel que soit mon pouvoir, je ne saurais rien faire sans le peuple. Et me garde le Ciel d'ouïr Argos me dire un jour, si pareil malheur arrivait : « Pour honorer des étrangers, tu as perdu ta cité[28] ! »

Le Chœur. — *L'auteur commun de nos deux races contemple ce débat, Zeus impartial, qui, suivant leurs mérites, traite les méchants en coupables, en justes les cœurs droits. Si tout se pèse ainsi en stricte équité, comment avoir scrupule à faire ce que la Justice veut ?*

Le Roi. — Oui, j'ai besoin d'une pensée profonde qui nous sauve, et que, tel un plongeur, descende dans l'abîme un clair regard, où le vin n'ait pas mis son trouble, afin que l'affaire d'abord ne crée point de maux à notre cité, pour moi-même ensuite se termine au mieux ; je veux dire : afin qu'Argos échappe aux atteintes d'une guerre de représailles[29] ; et afin que moi-même, je n'aille pas, en vous livrant ainsi agenouillées aux autels de nos dieux, m'attacher pour rude compagnon le dieu de ruine, le génie vengeur[30] qui, même dans l'Hadès, ne lâche point le mort. Dites, n'ai-je pas besoin d'une pensée qui sauve[31] ?

Le Chœur. — *Pense donc, et pour nous, comme il sied, deviens un pieux proxène. Ne livre pas la fugitive qu'un exil impie a de si loin jetée sur ces rivages.*
Refuse-toi à me voir arrachée de ce sanctuaire consacré à tant de dieux, ô maître suprême d'Argos. Comprends la démesure[32] des mâles ; préviens le courroux que tu sais !

---

28. L'isocholie et la paronomase accroissent la force formulaire de cette brève prosopopée *(epêludas timôn apôlesas polin)*.

29. Le verbe employé ici *(ephaptomai)* évoque le nom d'Épaphos.

30. L'*alastôr* (litt. : « celui qui n'oublie pas ») : cf. v. 646-651.

31. Cf. v. 407.

32. Cf. *supra* n. 7. Sur ce passage, voir Jouanna, 2002.

Μή τι τλᾷς τὰν ἱκέτιν εἰσιδεῖν   Str. 2.
ἀπὸ βρετέων βίᾳ δίκας ἀγομέναν   430
ἱππαδὸν ἀμπύκων
πολυμίτων πέπλων τ' ἐπιλαβὰς ἐμῶν.

Ἴσθι γάρ, παισὶ τάδε καὶ δόμοις,   Ant. 2.
ὁπότερ' ἂν κτίσῃς, μένει Ἄρει τίνειν   435
ὑμοίαν θέμιν.
Τάδε φράσαι· δίκαια Διόθεν κράτη.

ΒΑ.   Καὶ δὴ πέφρασμαι· δεῦρο δ' ἐξοκέλλεται,
       ἢ τοῖσιν ἢ τοῖς πόλεμον αἵρεσθαι μέγαν
       πᾶσ' ἔστ' ἀνάγκη, καὶ γεγόμφωται σκάφος   440
       στρέβλαισι ναυτικαῖσιν ὡς προσηγμένον·
       ἄνευ δὲ λύπης οὐδαμοῦ καταστροφή.
       Καὶ χρημάτων μὲν ἐκ δόμων πορθουμένων,
       ἄτης γε μείζω, καὶ μετεμπλῆσαι γόμον,
       γένοιτ' ἂν ἄλλα κτησίου Διὸς χάριν·   445
       καὶ γλῶσσα τοξεύσασα μὴ τὰ καίρια,   446
       ἀλγεινὰ θυμοῦ κάρτα κινητήρια,   448
       γένοιτο μύθου μῦθος ἂν θελκτήριος.   447
       Ὅπως δ' ὅμαιμον αἷμα μὴ γενήσεται,   449
       δεῖ κάρτα θύειν καὶ πεσεῖν χρηστήρια   450
       θεοῖσι πολλοῖς πολλά, πημονῆς ἄκη,
       ἢ κάρτα νείκους τοῦδ' ἐγὼ παροίχομαι·
       θέλω δ' ἄϊδρις μᾶλλον ἢ σοφὸς κακῶν
       εἶναι· γένοιτο δ' εὖ παρὰ γνώμην ἐμήν.

ΧΟ.   Πολλῶν ἄκουσον τέρματ' αἰδοίων λόγων.   455

ΒΑ.   Ἤκουσα, καὶ λέγοις ἄν· οὔ με φεύξεται.

ΧΟ.   Ἔχω στρόφους ζώνας τε, συλλαβὰς πέπλων.

Ne consens pas à voir la suppliante, en dépit de la justice, entraînée loin de l'autel, comme une cavale, par ses bandeaux, et des mains saisir le tissu serré de mes voiles.

Sache-le, quoi que tu fasses, tes enfants et ta maison en devront un jour payer à Arès[33] la stricte récompense. Réfléchis bien : le règne de Zeus est celui de la justice.

LE ROI. — Mes réflexions sont faites : ma barque a touché – ou contre ceux-ci ou contre ceux-là soulever une rude guerre, c'est à quoi je suis contraint – et, sur cet écueil, la voilà clouée tout comme si on l'y eût hissée à grand renfort de cabestans marins[34]. Point d'issue exempte de douleur ! Que des richesses soient arrachées à une maison, d'autres y peuvent rentrer, d'une valeur qui dépasse la perte, jusqu'à faire le plein de la cargaison, par la faveur de Zeus protecteur des biens. Que ta langue ait lancé des traits inopportuns qui remuent cruellement un cœur, des mots peuvent calmer une souffrance qu'ont causée des mots. Mais, quand il s'agit du sang de nos frères, il faut, pour l'épargner, sacrifier, offrir à tous les dieux toutes les victimes aptes à remédier à un tel malheur – ou je me trompe fort sur la nature du débat qui s'annonce. Mais j'aime mieux encore être mauvais prophète que trop bon prophète d'infortunes : que tout s'achève au mieux – contre mon attente !

LE CORYPHÉE. — J'ai employé déjà bien des mots suppliants : écoute le dernier.

LE ROI. — J'écoute ; dis-le moi, il sera entendu.

LE CORYPHÉE. — J'ai là bandeaux, ceintures pour retenir ma robe.

---

33. Arès, dieu de la guerre, est aussi chargé de l'exécution des vengeances divines sur une cité souillée (cf. 634 s.).
34. La métaphore de la navigation sera reprise aux v. 470 s.

ΒΑ. Τάχ' ἂν γυναικῶν ταῦτα συμπρεπῆ πέλοι.

ΧΟ. Ἐκ τῶνδε τοίνυν, ἴσθι, μηχανὴ καλή.

ΒΑ. Λέξον τίν' αὐδὴν τήνδε γηρυθεῖσ' ἔσῃ.   460

ΧΟ. Εἰ μή τι πιστὸν τῷδ' ὑποστήσεις στόλῳ —

ΒΑ. Τί σοι περαίνει μηχανὴ συζωμάτων ;

ΧΟ. Νέοις πίναξι βρέτεα κοσμῆσαι τάδε.

ΒΑ. Αἰνιγματῶδες τοὔπος· ἀλλ' ἁπλῶς φράσον.

ΧΟ. Ἐκ τῶνδ' ὅπως τάχιστ' ἀπάγξασθαι θεῶν.   465

ΒΑ. Ἤκουσα μαστικτῆρα καρδίας λόγον.

ΧΟ. Ξυνῆκας· ὤμμάτωσα γὰρ σαφέστερον.

ΒΑ. Καὶ πολλαχῇ γε δυσπάλαιστα πράγματα·
κακῶν δὲ πλῆθος ποταμὸς ὣς ἐπέρχεται·
ἄτης δ' ἄβυσσον πέλαγος οὐ μάλ' εὔπορον   470
τόδ' ἐσβέβηκα, κοὐδαμοῦ λιμὴν κακῶν.
Εἰ μὲν γὰρ ὑμῖν μὴ τόδ' ἐκπράξω χρέος,
μίασμ' ἔλεξας οὐχ ὑπερτοξεύσιμον·
εἰ δ' αὖθ' ὁμαίμοις παισὶν Αἰγύπτου σέθεν
σταθεὶς πρὸ τειχέων διὰ μάχης ἥξω τέλους,   475
πῶς οὐχὶ τἀνάλωμα γίγνεται πικρόν,
ἄνδρας γυναικῶν οὕνεχ' αἱμάξαι πέδον ;
Ὅμως δ' ἀνάγκη Ζηνὸς αἰδεῖσθαι κότον
Ἱκτῆρος· ὕψιστος γὰρ ἐν βροτοῖς φόβος·
σὺ μέν, πάτερ γεραιὲ τῶνδε παρθένων,   480
κλάδους γε τούτους αἶψ' ἐν ἀγκάλαις λαβὼν
βωμοὺς ἐπ' ἄλλους δαιμόνων ἐγχωρίων

Le Roi. — Sans doute des parures convenant à des femmes ?

Le Coryphée. — C'est d'elles que j'attends un merveilleux secours.

Le Roi. — Quels mots, dis-moi, vas-tu donc prononcer ?

Le Coryphée. — Si tu ne donnes à cette troupe une loyale promesse...

Le Roi. — Quel secours attends-tu enfin de ces ceintures ?

Le Coryphée. — Celui de décorer les statues que tu vois d'offrandes insolites.

Le Roi. — Formule énigmatique. Parle donc sans détours.

Le Coryphée. — De nous pendre à l'instant aux dieux que voici.

Le Roi. — J'entends là des mots cinglants pour mon cœur.

Le Coryphée. — Tu as compris ; je t'ai fait voir plus clairement les choses.

Le Roi. — Oui, et de tous côtés d'invincibles soucis ! Une masse de maux vient sur moi comme un fleuve, et me voici au large d'une mer de douleurs, mer sans fond, dure à franchir – et point de havre ouvert à ma détresse ! Si je ne satisfais à votre demande, la souillure que vous évoquez dépasse la portée de l'esprit. Si, au contraire, contre tes cousins, les fils d'Égyptos, debout devant nos murs, je m'en remets à la décision d'un combat, ne sera-ce point une perte amère que celle d'un sang mâle répandu pour des femmes ? – Et pourtant je suis contraint de respecter le courroux de Zeus Suppliant : il n'est pas pour les mortels de plus haut objet d'effroi. Ainsi donc, vieillard, père de ces vierges, vite, en tes bras prends ces rameaux et va les déposer sur d'autres autels de nos dieux nationaux,

θές, ὡς ἴδωσι τῆσδ' ἀφίξεως τέκμαρ
πάντες πολῖται, μηδ' ἀπορριφθῇ λόγος
ἐμοῦ· κατ' ἀρχῆς γὰρ φιλαίτιος λεώς·   485
καὶ γὰρ τάχ' ἂν τις οἶκτος εἰσιδεῖν τάδε·
ὕβριν μὲν ἐχθήρειεν ἄρσενος στόλου,
ὑμῖν δ' ἂν εἴη δῆμος εὐμενέστερος·
τοῖς ἥσσοσιν γὰρ πᾶς τις εὐνοίας φέρει.

ΔΑ. Πολλῶν τάδ' ἡμῖν ἐστιν ἠξιωμένα,   490
αἰδοῖον εὑρεθέντα πρόξενον λαβεῖν.
Ὀπάονας δὲ φράστοράς τ' ἐγχωρίων
ξύμπεμψον, ὡς ἂν τῶν πολισσούχων θεῶν
βωμοὺς προνάους καὶ φιλοξένους ἕδρας
εὕρωμεν, ἀσφάλεια δ' ᾖ δι' ἄστεως   495
στείχουσι· μορφῆς δ' οὐχ ὁμόστολος φύσις·
Νεῖλος γὰρ οὐχ ὅμοιον Ἰνάχῳ γένος
τρέφει· φύλαξαι μὴ θράσος τέκῃ φόβον·
καὶ δὴ φίλον τις ἔκταν' ἀγνοίας ὕπο.

ΒΑ. Στείχοιτ' ἂν, ἄνδρες· εὖ γὰρ ὁ ξένος λέγει·   500
ἡγεῖσθε βωμοὺς ἀστικούς, θεῶν ἕδρας·
καὶ ξυμβολοῦσιν οὐ πολυστομεῖν χρεών
ναύτην ἄγοντας τόνδ' ἐφέστιον θεῶν.

ΧΟ. Τούτῳ μὲν εἶπας καὶ τεταγμένος κίοι·
ἐγὼ δὲ πῶς δρῶ; ποῦ θράσος νέμεις ἐμοί;   505

ΒΑ. Κλάδους μὲν αὐτοῦ λεῖπε, σημεῖον πόνου.

ΧΟ. Καὶ δή σφε λείπω χειρὶ καὶ λόγοις σέθεν.

ΒΑ. Λευρὸν κατ' ἄλσος νῦν ἐπιστρέφου τόδε.

afin que tous les citoyens voient cet insigne suppliant et
ne rejettent pas les propositions qui leur viendront de moi
– la foule aime à chercher des raisons à ses maîtres ! La
compassion sans doute naîtra à cette vue : la démesure
de la troupe mâle fera horreur à notre peuple, et il se sentira
mieux disposé pour vous. C'est aux faibles toujours que
vont les bons vouloirs.

DANAOS. — C'est déjà pour nous chose d'un prix
immense que d'avoir en toi rencontré un proxène, qui se
révèle respectueux du suppliant. Mais fais-moi aussi
escorter de gardes, de guides indigènes, pour m'aider à
trouver les autels placés devant les temples des dieux de
la cité et leurs demeures hospitalières ; pour assurer de
plus notre sécurité, quand nous traverserons la ville. La
nature a vêtu différemment nos traits ; le Nil et l'Inachos
ne nourrissent pas des races pareilles. Gardons qu'excès
de confiance n'engendre grand effroi : plus d'un déjà a
tué un ami, pour l'avoir méconnu.

LE ROI. — Allez, gardes, l'étranger a raison ;
conduisez-le aux autels de la ville, demeures de nos
dieux ; et à ceux que vous rencontrerez dites, sans
bavardage, que vous servez de guides à un marin,
suppliant de nos dieux.

Danaos sort accompagné de quelques gardes.

LE CORYPHÉE. — Tu lui as donné tes instructions : qu'il
parte avec elles ! Mais moi, que dois-je faire ? où, selon
toi, serai-je en sûreté ?

LE ROI. — Laisse là tes rameaux, symbole de ta peine.

LE CORYPHÉE. — Voilà : je les laisse à la garde de ton
bras et de ta parole.

LE ROI. — Passe ici maintenant, dans la partie plane
du sanctuaire.

ΧΟ.   Καὶ πῶς βέβηλον ἄλσος ἂν ῥύοιτό με;

ΒΑ.   Οὔτοι πτερωτῶν ἁρπαγαῖς (σ᾽) ἐκδώσομεν.   510

ΧΟ.   ᾽Αλλ᾽ εἰ δρακόντων δυσφρόνων ἐχθίοσιν;

ΒΑ.   Εὔφημον εἴη τοὖπος εὐφημουμένῃ.

ΧΟ.   Οὔτοι τι θαῦμα δυσφορεῖν φόβῳ φρενός.

ΒΑ·   ᾽Αεὶ δ᾽ ἀνάκτων ἐστὶ δεῖμ᾽ ἐξαίσιον.

ΧΟ.   Σὺ καὶ λέγων εὔφραινε καὶ πράσσων φρένα.   515

ΒΑ.   ᾽Αλλ᾽ οὔτι δαρὸν χρόνον ἐρημώσει πατήρ·
       ἐγὼ δὲ λαοὺς συγκαλῶν ἐγχωρίους
       πατῶ, τὸ κοινὸν ὡς ἂν εὐμενὲς τιθῶ,
       καὶ σὸν διδάξω πατέρα ποῖα χρὴ λέγειν.
       Πρὸς ταῦτα μίμνε καὶ θεοὺς ἐγχωρίους   520
       λιταῖς παραιτοῦ τῶν σ᾽ ἔρως ἔχει τυχεῖν·
       ἐγὼ δὲ ταῦτα πορσυνῶν ἐλεύσομαι·
       πειθὼ δ᾽ ἕποιτο καὶ τύχη πρακτήριος.

ΧΟ.   ῎Αναξ ἀνάκτων, μακάρων   Str. 1.
       μακάρτατε καὶ τελέων τελει-   525
       ότατον κράτος, ὄλβιε Ζεῦ,
       πιθοῦ τε καὶ γένει σῷ
       ἄλευσον ἀνδρῶν ὕβριν εὖ στυγήσας·
       λίμνᾳ δ᾽ ἔμβαλε πορφυροειδεῖ
       τὰν μελανόζυγ᾽ ἄταν.   530

Le Coryphée. — Quelle protection m'offre le sanctuaire là où il s'ouvre à tous ?

Le Roi. — N'aie crainte : je n'entends point te livrer aux oiseaux de proie.

Le Coryphée. — Oui, mais à des monstres plus cruels que le plus cruel serpent ?

Le Roi. — À qui te dit : « Confiance ! », réponds par des mots confiants.

Le Coryphée. — Ne t'étonne pas si mon cœur effrayé se montre impatient.

Le Roi. — Jamais roi n'a connu la peur.

Le Coryphée. — À toi donc de me réconforter par des actes autant que par des mots.

Le Roi. — Va, ton père ne te laissera pas longtemps seule. Moi, je vais convoquer les gens de ce pays, pour disposer en ta faveur l'opinion populaire ; puis à ton père j'enseignerai le langage qu'il doit tenir. Demeure donc ici et que tes prières demandent aux dieux de la cité ce que tu souhaites d'obtenir, cependant que j'irai ordonner tout cela. Que la Persuasion m'accompagne et la Chance efficace !

> Le Roi sort avec sa troupe. Le Chœur est descendu dans l'orchestre.

Le Chœur. — *Seigneur des seigneurs, Bienheureux entre les bienheureux, Puissance souveraine entre les puissances, du haut de ta félicité, Zeus, entends-nous ! Éloigne de ta race la démesure mâle[35], digne objet de ta haine, et dans la sombre mer plonge le Malheur aux flancs noirs.*

35. Cf. n. 7.

Τὸ πρὸς γυναικῶν ἐπιδὼν   Ant. 1.
παλαίφατον ἁμέτερον γένος
φιλίας προγόνου γυναικὸς
νέωσον εὔφρον' αἶνον·
γενοῦ πολυμνῆστωρ, ἔφαπτορ Ἰοῦς·   535
Δίαί τοι γένος εὐχόμεθ' εἶναι
γᾶς ἀπὸ τᾶσδ' ἄποικοι.

Παλαιὸν δ' εἰς ἴχνος μετέσταν   Str. 2.
ματέρος ἀνθονόμους ἐπωπάς,
λειμῶνα βούχιλον, ἔνθεν Ἰὼ   540
οἴστρῳ ἐρεσσομένα
φεύγει ἁμαρτίνοος,
πολλὰ βροτῶν διαμειβομένα
φῦλα, διχῇ δ' ἀντίπορον
γαῖαν ἐν αἴσᾳ διατέμνουσα πόρον   545
κυματίαν ὁρίζει·

ἰάπτει δ' Ἀσίδος δι' αἴας   Ant. 2.
μηλοβότου Φρυγίας διαμπάξ·
περᾷ δὲ Τεύθραντος ἄστυ Μυσῶν
Λύδιά τ' <ἀγ> γύαλα,   550
καὶ δι' ὀρῶν Κιλίκων
Παμφύλων τε διορνυμένα,
τοὺς ποταμοὺς ἀενάους
καὶ βαθύπλουτον χθόνα, κλειτὰν Ἀφροδί-
της πολύπυρον αἶαν·   555

ἱκνεῖται δ' ἐγκεχριμένα βέλει   Str. 3.
βουκόλου πτερόεντος
Δῖον πάμβοτον ἄλσος,
λειμῶνα χιονόβοσκον ὄντ'
ἐπέρχεται Τυφῶ μένος   560

Propice à la cause des femmes, vois l'antiquité de leur race, leur aïeule jadis te fut chère : renouvelle la légende de ta bonté. Souviens-toi, toi dont la main toucha Io ! Nous sommes filles de Zeus, et c'est de ce rivage qu'est partie notre colonie.

Une trace ancienne me ramène aujourd'hui aux lieux où sous l'œil d'un gardien jadis paissait ma mère. C'est là la prairie qui nourrit les génisses, d'où Io, pourchassée par le taon, s'enfuit un jour, l'esprit perdu, traverse cent peuples divers, et, fendant le détroit houleux[36], sur l'ordre du destin, dépasse la limite des deux continents qui s'affrontent.

Elle se lance à travers l'Asie, coupe par la Phrygie moutonnière, arrive à la cité de Teuthras en Mysie, puis, par les vallons de Lydie, par-delà les monts de Cilicie et Pamphylie, aux fleuves jamais taris, aux pays d'opulence, au terroir glorieux d'Aphrodite riche en froment[37].

Mais, toujours taraudée par le trait du bouvier ailé, elle atteint la terre sacrée de Zeus où naissent tous les fruits, la prairie fertilisée des neiges[38] qu'assaille la fureur de Typhon[39],

36. Le Bosphore (entre Propontide et Mer Noire) : ne pas confondre avec l'Hellespont (les Dardanelles, entre mer Égée et Propontide), encore qu'il y ait flottement chez Eschyle (*Perses*, 745-746 : l'Hellespont franchi par Xerxès est aussi appelé Bosphore).

37. La Phénicie.

38. L'Éthiopie (la fonte des ses neiges nourrit les crues du Nil).

39. Typhon symbolise ici les vents brûlants soufflant sur la terre d'Égypte.

ὕδωρ τε Νείλου νόσοις ἄθικτον,
μαινομένα πόνοις ἀτί-
μοις ὀδύναις τε κεντροδα-
λήτισι θυιὰς "Ηρας·
βροτοὶ δ' οἳ γᾶς τότ' ἦσαν ἔννομοι   Ant. 3.
χλωρῷ δείματι θυμὸν   566
πάλλοντ' ὄψιν ἀήθη,
βοτὸν ἐσορῶντες δυσχερὲς
μειξόμβροτον, τὰ μὲν βοός,
τὰ δ' αὖ γυναικός· τέρας δ' ἐθάμβουν.   570
Καὶ τότε δὴ τίς ἦν ὁ θέλ-
ξας πολύπλαγκτον ἀθλίαν
οἰστροδόνητον Ἰώ;

Δι' αἰῶνος κρέων ἀπαύστου   Str 4.
‒∪‒∪∪‒‒   575
βίᾳ δ' ἀπημάτοσθενεῖ
καὶ θείαις ἐπιπνοίαις
παύεται, δακρύων δ' ἀπο-
στάζει πένθιμον αἰδῶ·
λαβοῦσα δ' ἕρμα Δῖον ἀψευδεῖ λόγῳ   580
γείνατο παῖδ' ἀμεμφῆ,
δι' αἰῶνος μακροῦ πάνολβον·   Ant. 4.
ἔνθεν πᾶσα βοᾷ χθών·
« Φυσίζοον γένος τόδε
Ζηνός ἐστιν ἀληθῶς ».   585
Τίς γὰρ ἂν κατέπαυσεν "Η-
ρας νόσους ἐπιβούλους;
Διὸς τόδ' ἔργον· καὶ τόδ' ἂν γένος λέγων
ἐξ Ἐπάφου κυρήσαις.

et le Nil aux eaux inviolablement saines – affolée des humiliantes peines, des souffrances dont l'aiguillonne Héra, délirante !

Et voici que les mortels qui lors habitaient ces contrées soudain ont senti leurs cœurs bondir d'épouvante pâle devant un spectacle inconnu : à leurs yeux s'offrait, repoussante, une bête mêlée d'être humain, partie génisse, partie femme, et devant ce prodige ils demeuraient stupides. – Mais, alors, quel magicien vint donc guérir l'errante et misérable Io, tournoyante au vol du taon ?

Celui dont le règne remplit l'éternité, <Zeus, la libère de ses maux> : sous sa force aux douceurs puissantes, sous son souffle de miracle, les voici finis ; et, lentement, coulent les larmes de sa pudeur douloureuse. Mais du germe déposé par Zeus, dit un récit qui ne ment pas, elle enfante un fils parfait,

Un fils dont le bonheur a rempli de longs jours ! Aussi la terre entière le proclame : « Ce fils, source de vie[40], est bien de Zeus, en vérité ! » Qui eût pu d'ailleurs apaiser un délire voulu par Héra ? L'œuvre est de Zeus, et qui dit ensuite cette race fille d'Épaphos dit encore la vérité.

40. Épaphos passe pour avoir fondé de nombreuses cités en Égypte (Pindare, dixième *Néméenne*, 5).

Τίν' ἂν θεῶν ἐνδικωτέροισιν   Str. 5.
κεκλοίμαν εὐλόγως ἐπ' ἔργοις ;   591
<αὐτὸς δ> πατὴρ φυτουργὸς αὐτόχειρ ἄναξ
γένους παλαιόφρων μέγας
τέκτων, τὸ πᾶν μῆχαρ, οὔριος Ζεύς.

Ὑπ' ἀρχᾶς δ' οὔτινος θοάζων   Ant. 5.
τὸ μεῖον κρεισσόνων κρατύνει·   596
οὔτινος ἄνωθεν ἡμένου σέβει κάτω·
πάρεστι δ' ἔργον ὡς ἔπος
σπεῦσαί τι τῶν βούλιος φέρει φρήν.

ΔΑ.   Θαρσεῖτε παῖδες, εὖ τὰ τῶν ἐγχωρίων·   600
      δήμου δέδοκται παντελῆ ψηφίσματα.

ΧΟ.   Ὦ χαῖρε πρέσβυ, φίλτατ' ἀγγέλλων ἐμοί,
      ἔνισπε δ' ἡμῖν, ποῖ κεκύρωται τέλος,
      δήμου κρατοῦσα χεὶρ ὅπῃ πληθύνεται ;

ΔΑ.   Ἔδοξεν Ἀργείοισιν οὐ διχορρόπως,   605
      ἀλλ' ὥστ' ἀνηβῆσαί με γηραιᾷ φρενί·
      πανδημίᾳ γὰρ χερσὶ δεξιωνύμοις
      ἔφριξεν αἰθὴρ τόνδε κραινόντων λόγον·
      « ἡμᾶς μετοικεῖν τῆσδε γῆς ἐλευθέρους
      κἀρρυσιάστους ξύν τ' ἀσυλίᾳ βροτῶν·   610
      καὶ μήτ' ἐνοίκων μήτ' ἐπηλύδων τινά
      ἄγειν· ἐὰν δὲ προστιθῇ τὸ καρτερόν,
      τὸν μὴ βοηθήσαντα τῶνδε γαμόρων
      ἄτιμον εἶναι ξὺν φυγῇ δημηλάτῳ. »
      Τοιάνδ' ἔπειθε ῥῆσιν ἀμφ' ἡμῶν λέγων   615
      ἄναξ Πελασγῶν, Ἱκεσίου Ζηνὸς κότον
      μέγαν προφωνῶν μήποτ' εἰσόπιν χρόνου
      πόλιν παχῦναι, ξενικὸν ἀστικόν θ' ἅμα
      λέγων διπλοῦν μίασμα πρὸς πόλεως φανέν

Quel dieu donc encore plus désigné par ses actes puis-je raisonnablement invoquer ? Notre sire et notre père, celui qui de ses mains a planté cette souche, l'antique et puissant auteur de ma race, c'est le remède à tout mal, le dieu des souffles propices, Zeus.

Aucun pouvoir ne siège au-dessus du sien. Sa loi n'obéit pas à une loi plus forte. Nul ne trône plus haut que lui qu'il doive adorer d'en bas. Aussi prompt que le mot, l'acte est à ses ordres pour achever sur l'heure ce que lui propose le Conseil de ses Pensers.

Entre Danaos.

DANAOS. — Rassurez-vous, mes filles : tout va bien du côté d'Argos ; le peuple a rendu un décret décisif.

LE CORYPHÉE. — Salut, vieillard, porteur de si douces nouvelles ! Dis-nous à quoi s'arrête la décision prise, selon la loi du scrutin populaire, où prévaut la majorité.

DANAOS. — Argos s'est prononcée d'une voix unanime, et mon vieux cœur s'en est senti tout rajeuni. De ses droites levées le peuple entier a fait frémir l'éther, pour ratifier ces mots : nous aurons « la résidence en ce pays[41], libres et protégés contre toute reprise par un droit d'asile reconnu ; nul habitant ni étranger ne pourra nous saisir ; use-t-on de violence, tout bourgeois d'Argos qui ne nous prête aide est frappé d'atimie, exilé par sentence du peuple ». Telle est la formule qu'a défendue notre patron, le roi des Pélasges, en invitant la cité à ne pas fournir d'aliment pour les jours à venir au terrible courroux de Zeus Suppliant et en évoquant la double souillure, à la fois nationale et étrangère, que la ville verrait alors venir à elle,

41. Le verbe employé est *metoikein*.

ἀμήχανον βόσκημα πημονῆς πέλειν.   620
Τοιαῦτ' ἀκούων χερσὶν Ἀργεῖος λεώς
ἔκραν' ἄνευ κλητῆρος ὡς εἶναι τάδε.
Δημηγόρους δ' ἤκουσεν εὐπιθεῖς στροφάς
δῆμος Πελασγῶν, Ζεὺς δ' ἐπέκρανεν τέλος.

ΧΟ.   Ἄγε δή, λέξωμεν ἐπ' Ἀργείοις   625
εὐχὰς ἀγαθάς, ἀγαθῶν ποινάς·
Ζεὺς δ' ἐφορεύοι Ξένιος ξενίου
στόματος τιμὰς ἐπ' ἀληθείᾳ
    τέρμον' ἄμεμπτον πρὸς ἅπαντα.

Νῦν ὅτε καὶ θεοὶ   Str. 1.
Διογενεῖς κλύοιτ' εὐκ-   631
ταῖα γένει χεούσας·
μήποτε πυρίφατον τάνδε Πελασγίαν
τὸν ἄχορον βοὰν κτίσαι μάχλον Ἄρη,   636
τὸν ἀρότοις θερί-
ζοντα βροτοὺς ἐν ἄλλοις·
    οὕνεκ' ᾤκτισαν ἡμᾶς,
    ψῆφον δ' εὔφρον' ἔθεντο,   640
    αἰδοῦνται δ' ἱκέτας Διὸς
    ποίμναν τάνδ' ἀμέγαρτον·

οὐδὲ μετ' ἀρσένων   Ant. 1.
ψῆφον ἔθεντ' ἀτιμώ-
σαντες ἔριν γυναικῶν,   645
Δῖον ἐπιδόμενοι πράκτορ' ἐπίσκοπον
δυσπολέμητον, ὃν τίς ἂν δόμος ἔχοι
ἐπ' ὀρόφων μιαί-   650
νοντα; βαρὺς δ' ἐφίζει·
    ἅζονται γὰρ ὁμαίμους
    Ζηνὸς ἵκτορας ἁγνοῦ·
    τοιγάρτοι καθαροῖσι βω-
    μοῖς θεοὺς ἀρέσονται.   655

monstre indomptable, qu'il faudrait nourrir de douleurs[42].
À ces mots, les mains du peuple argien, sans attendre
l'appel du héraut, ont prononcé dans ce sens. La nation
pélasge s'est rendue aux persuasives raisons d'une adroite
harangue ; mais Zeus est l'auteur de la décision dernière.

LE CORYPHÉE. — Allons, que nos vœux appellent sur
Argos les biens qui paieront ses bienfaits, et que Zeus
Hospitalier veille à réaliser pleinement et sans réserve
les hommages que lui rend la bouche de ses hôtes !

LE CHŒUR. — *Voici l'heure pour les dieux, enfants de*
Zeus, de nous prêter l'oreille, tandis que nous épandrons
nos vœux sur ce pays[43]. Que jamais la terre des Pélasges
ne soit en proie aux feux de l'ardent Arès, dont le cri
suspend les danses et qui va moissonnant les hommes dans
des champs où ils ne mûrissaient pas pour lui !

Ils ont eu pitié de nous, ils ont rendu un vote de bonté ;
ils respectent les suppliants de Zeus dans ce troupeau
pitoyable.

Ils n'ont pas, par dédain de la cause des femmes, voté
en faveur des mâles ; ils ont entrevu le vengeur vigilant
de Zeus contre qui on ne lutte pas et que nulle maison ne
saurait écarter, quand, pour marquer son toit, il s'y abat
d'un poids irrésistible.

Ils honorent des frères dans ces suppliants de Zeus très
saint ; et c'est pourquoi les autels seront purs, où ils
appelleront la faveur des dieux.

---

42. Cf. 415-416 (l'*alastôr*), 646-647. Ici la souillure à éviter, le *miasma*,
se confond avec le monstre qui, entré dans la cité, « se repaîtrait, sans
remède, de nos douleurs » (*amêkhanon boskêma pêmonês*, attribut de
miasma).

43. On notera que les vœux en question consistent surtout en
imprécations retournées.

Τοιγὰρ ὑποσκίων ἐκ στομάτων ποτά-   Str. 2.
σθω φιλότιμος εὐχά·
μήποτε λοιμὸς ἀνδρῶν
τάνδε πόλιν κενώσαι·   660
μηδ' ἐπιχωρίοις <ξένος>
πτώμασιν αἱματίσαι πέδον γᾶς·
          ἥβας δ' ἄνθος ἄδρεπτον
          ἔστω, μηδ'ᾈφροδίτας
          εὐνάτωρ βροτολοιγὸς Ἄ-
          ρης κέρσειεν ἄωτον.   665

Καὶ γεραροῖσι πρεσβυτοδόκοι γέμου-   Ant. 2.
σαι θυμέλαι φλεγόντων·
τὼς πόλις εὖ νέμοιτο   670
Ζῆνα μέγαν σεβόντων,
τὸν Ξένιον δ' ὑπερτάτως,
ὃς πολιῷ νόμῳ αἶσαν ὀρθοῖ·
          τίκτεσθαι δ' ἐφόρους γᾶς
          ἄλλους εὐχόμεθ' αἰεί,   675
          Ἄρτεμιν δ' Ἑκάταν γυναι-
          κῶν λόχους ἐφορεύειν.

Μηδέ τις ἀνδροκμὴς λοιγὸς ἐπελθέτω   Str. 3.
τάνδε πόλιν δαΐζων,   680
ἄχορον ἀκίθαριν δακρυογόνον Ἄρη
βοάν τ' ἔνδημον ἐξοπλίζων·
          νούσων δ' ἑσμὸς ἀπ' ἀστῶν
          ἵζοι κρατὸς ἀτερπής,   685
          εὐμενὴς δ' ὁ Λύκειος ἔ-
          στω πάσᾳ νεολαίᾳ.

*Ainsi donc qu'à l'ombre du pieux rameau nos lèvres
donnent l'essor à des vœux épris de leur gloire. Que la
peste jamais ne vide d'hommes leur cité ; que <l'étranger>
ne teigne pas leur sol du sang de leurs fils immolés !*

*Mais que la fleur de leur jeunesse demeure sur sa
tige et que l'amant meurtrier d'Aphrodite, Arès, n'en
fauche point l'espoir !*

*Que les vieillards emplissent les salles où ils
s'assemblent autour des autels qui flambent[44] ; qu'ainsi
prospère la cité dans le respect de Zeus puissant, de Zeus
Hospitalier surtout, dont la loi chenue règle le destin !*

*Puis, que de nouvelles naissances, si le Ciel entend
mes vœux, viennent sans cesse donner des chefs à ce pays ;
et qu'Artémis Hécate veille aux couches de ses femmes[45] !*

*Que nul fléau meurtrier ne vienne ravager cette ville,
en armant Arès, dieu des larmes, effroi des chœurs et des
cithares, en éveillant la clameur des guerres civiles !*

*Que l'essaim douloureux des maladies aille se poser
loin du front des Argiens ; et qu'Apollon Lycien soit propice
à tous leurs enfants !*

---

44. Cf. *Perses*, 732.
45. Déesse vierge, mais présidant aussi aux passages (l'Hippolyte
d'Euripide l'oubliera), Artémis accompagne les femmes dans leur
changement de statut (cf. Euripide, *Suppliantes*, 958 : Artémis *Lokhia*).
Voir ici même v. 1031-1033 (Artémis opposée à Cypris).

Καρποτελή δέ τοι Ζεὺς ἐπικραινέτω   Ant. 3.
φέρματι γᾶν πανώρφ·   690
πρόνομα δὲ βότ' ἀγροῖς πολύγονα τελέθοι·
τὸ πᾶν τ' ἐκ δαιμόνων θάλοιεν·
    εὔφημον δ' ἐπὶ βωμοῖς
    μοῦσαν θείατ' ἀοιδοί,   695
    ἁγνῶν τ' ἐκ στομάτων φερέ-
    σθω φήμα φιλοφόρμιγξ.

Φυλάσσοι τ' ἀτρεμαῖα τιμάς   Str. 4.
τὸ δήμιον, τὸ πτόλιν κρατύνει,
προμαθὶς εὐκοινόμητις ἀρχά·   700
ξένοισί τ' εὐξυμβόλους,
πρὶν ἐξοπλίζειν Ἄρη,
δίκας ἄτερ πημάτων διδοῖεν.

Θεοὺς δ' οἳ γᾶν ἔχουσιν αἰεὶ   Ant. 4.
τίοιεν ἐγχωρίους πατρῴαις   705
δαφνηφόροις βουθύτοισι τιμαῖς·
τὸ γὰρ τεκόντων σέβας
τρίτον τόδ' ἐν θεσμίοις
Δίκας γέγραπται μεγιστοτίμου.

ΔΑ   Εὐχὰς μὲν αἰνῶ τάσδε σώφρονας, φίλαι·   710
ὑμεῖς δὲ μὴ τρέσητ' ἀκούσασαι πατρός
ἀπροσδοκήτους τούσδε καὶ νέους λόγους·
ἱκεταδόκου γὰρ τῇσδ' ἀπὸ σκοπῆς ὁρῶ
τὸ πλοῖον· εὔσημον γάρ· οὔ με λανθάνει
στολμοί τε λαίφους καὶ παραρρύσεις νεώς,   715
καὶ πρῷρα πρόσθεν ὄμμασι βλέπουσ' ὁδόν,
οἴακος ἰθυντῆρος ὑστάτου νεὼς
ἄγαν καλῶς κλύουσα τοῖσιν οὐ φίλη·

*Que Zeus enfin fasse à jamais cette terre fertile en toute
saison ! Que les brebis qui paissent ses champs soient
fécondes ! Que sa prospérité en tout s'épanouisse sous
la faveur des dieux !*

*Que devant leurs autels les aèdes fassent retentir de
pieux accents ; et que de lèvres virginales un chant s'envole
marié à la cithare !*

*Que le Conseil qui commande en cette cité garde sans
trouble ses honneurs, pouvoir prévoyant qui pense pour
le bien de tous ! Qu'aux étrangers, avant d'armer Arès,
on offre, pour éviter des maux, des satisfactions réglées
par traité !*

*Et qu'aux dieux qui ont reçu cette terre en partage
toujours on rende, le front ceint de laurier, le culte des
hécatombes transmis par les aïeux ! Aussi bien le respect
des pères est-il la troisième loi inscrite au livre de la
Justice, à qui va le suprême hommage.*

Danaos est remonté sur le tertre, d'où il observe
la mer. Il se tourne vers ses filles.

DANAOS. — Je ne puis qu'approuver ces sages vœux,
mes filles ; mais vous-mêmes, ne vous effrayez pas, si
votre père vous annonce à l'improviste du nouveau.
De cette guette, accueillante aux suppliants, je vois le
vaisseau[46]. Il est aisé à reconnaître : rien ne m'en
échappe, ni l'arrangement de ses voiles, ni ses bastin-
gages, ni sa proue, dont l'œil surveille la route où elle
avance, docile à la barre qui la guide de l'arrière – trop
docile même au gré de ceux à qui elle ne vient point en amie.

---

46. Voir *supra* v. 180 s.

πρέπουσι δ' ἄνδρες νήιοι μελαγχίμοις
γυίοισι λευκῶν ἐκ πεπλωμάτων ἰδεῖν,   720
καὶ τἆλλα πλοῖα πᾶσά θ' ἡ 'πικουρία
εὐπρεπτος· αὐτὴ δ' ἡγεμὼν ὑπὸ χθόνα
στείλασα λαῖφος παγκρότως ἐρέσσεται.
'Αλλ' ἡσύχως χρὴ καὶ σεσωφρονισμένως
πρὸς πρᾶγμ' ὁρῶσας τῶνδε μὴ ἀμελεῖν θεῶν.   725
'Εγὼ δ' ἀρωγοὺς ξυνδίκους θ' ἥξω λαβών·
ἴσως γὰρ ἂν κῆρυξ τις ἢ πρέσβη μόλοι,
ἄγειν θέλοντες ῥυσίων ἐφάπτορες·
ἀλλ' οὐδὲν ἔσται τῶνδε· μὴ τρέσητέ νιν.
"Ομως <δ'> ἄμεινον, εἰ βραδύνοιμεν βοῇ,   730
ἀλκῆς λαθέσθαι τῆσδε μηδαμῶς ποτε.
Θάρσει· χρόνῳ τοι κυρίῳ τ' ἐν ἡμέρᾳ
θεοὺς ἀτίζων τις βροτῶν δώσει δίκην.

ΧΟ. Πάτερ, φοβοῦμαι, νῆες ὡς ὠκύπτεροι
ἥκουσι· μῆκος δ' οὐδὲν ἐν μέσῳ χρόνου.   735

Περίφοβόν μ' ἔχει τάρβος ἐτητύμως   Str. 1.
πολυδρόμου φυγᾶς ὄφελος εἴ τί μοι·
παροίχομαι, πάτερ, δείματι.

ΔΑ. 'Επεὶ τελεία ψῆφος 'Αργείων, τέκνον,
θάρσει, μαχοῦνται περὶ σέθεν, σάφ' οἶδ' ἐγώ.   740

ΧΟ. 'Εξῶλές ἐστι μάργον Αἰγύπτου γένος
μάχης τ' ἄπληστον· καὶ λέγω πρὸς εἰδότα.

Δοριπαγεῖς δ' ἔχοντες κυανώπιδας   Ant. 1.
νῆας ἔπλευσαν ὧδ' ἐπιτυχεῖ κότῳ
πολεῖ μελαγχίμῳ σὺν στρατῷ.   745

ΔΑ. Πολλοὺς δέ γ' εὑρήσουσιν ἐν μεσημβρίας
θάλπει βραχίον' εὖ κατερρινημένους.

Je distingue l'équipage avec ses membres noirs sortant des tuniques blanches. Et voici le reste de la flotte, et toute l'armée, bien en vue ! Le vaisseau de tête, déjà sous le rivage, a cargué ses voiles et rame à coups pressés. Allons ! il vous convient d'envisager le fait avec calme et prudence et de vous attacher à ces dieux, cependant que je vous irai quérir des défenseurs et des avocats. Il se pourrait qu'un héraut, une ambassade vint ici, prétendant vous emmener et se saisir de vous par droit de reprise[47]. Mais rien de tel n'aura lieu : ne vous effrayez pas ! Il serait bon pourtant ; si nous tardions à vous porter secours, de ne pas oublier un instant cet asile. Aie confiance : avec le temps, au jour fixé, tout mortel qui méprise les dieux reçoit son châtiment.

LE CORYPHÉE. — Père, j'ai peur. Les nefs au vol rapide sont déjà là : il n'est plus de délai.

LE CHŒUR. — *Une épouvante anxieuse me prend : ai-je eu profit vraiment à fuir par tous chemins ? Père, je suis morte d'effroi.*

DANAOS. — Les Argiens ont émis un vote sans appel, ma fille : aie confiance, ils combattront pour toi, j'en suis bien sûr, va.

LE CORYPHÉE. — Des maudits ! voilà la dévorante engeance d'Égyptos – et insatiables de combats : tu le sais comme moi.

LE CHŒUR. — *Sur leurs nefs aux ais bien joints, au visage de sombre azur, ils ont passé jusqu'ici, le sort secondant leur rancune, avec leur nombreuse armée noire !*

DANAOS. — Mais nombreux aussi sont ceux qu'ils y rencontreront, les bras polis par l'ardeur des midis.

---

47. Encore un substantif qui évoque le nom d'Épaphos : *ephaptôr*, celui « qui touche » ou, comme c'est le cas ici, « qui saisit », « qui appréhende » ; le terme est employé deux fois *supra*, à propos de Zeus délivrant Io (312, 535).

ΧΟ. Μόνην δὲ μή πρόλειπε, λίσσομαι, πάτερ·
     γυνή μονωθεῖσ' οὐδέν· οὐκ ἔνεστ' "Αρης.
     Οὐλόφρονες δ' ἐκεῖνοι, δολομήτιδες   Str. 2.
     δυσάγνοις φρεσίν, κόρακες ὣστε, βω-   751
     μῶν ἀλέγοντες οὐδέν.

ΔΑ. Καλῶς ἂν ἡμῖν ξυμφέροι ταῦτ', ὦ τέκνον,
     εἰ σοί τε καὶ θεοῖσιν ἐχθαιροίατο.

ΧΟ. Οὐ μή τριαίνας τάσδε καὶ θεῶν σέβη   755
     δείσαντες ἡμῶν χεῖρ' ἀπόσχωνται, πάτερ.
     Περίφρονες δ' ἄγαν ἀνιέρῳ μένει   Ant. 2.
     μεμαργωμένοι κυνοθρασεῖς, θεῶν
     οὐδὲν ἐπαΐοντες.

ΔΑ. 'Αλλ' ἔστι φήμη κρείσσονας λύκους κυνῶν   760
     εἶναι· βύβλου δὲ καρπὸς οὐ κρατεῖ στάχυν.

ΧΟ. 'Ως καὶ ματαίων ἀνοσίων τε κνωδάλων
     ὀργὰς ἐχόντων χρὴ φυλάσσεσθαι κράτος.

ΔΑ. Οὔτοι ταχεῖα ναυτικοῦ στρατοῦ στολή,
     οὐδ' ὅρμος, οὗ δεῖ πεισμάτων σωτήρια   765
     ἐς γῆν ἐνεγκεῖν, οὐδ' ἐν ἀγκυρουχίαις
     θαρσοῦσι ναῶν ποιμένες παραυτίκα,
     ἄλλως τε καὶ μολόντες ἀλίμενον χθόνα
     ἐς νύκτ' ἀποστείχοντος ἡλίου· φιλεῖ
     ὠδῖνα τίκτειν νὺξ κυβερνήτῃ σοφῷ·   770
     οὕτω γένοιτ' ἂν οὐδ' ἂν ἔκβασις στρατοῦ
     καλή, πρὶν ὅρμῳ ναῦν θρασυνθῆναι. Σὺ δέ

LE CORYPHÉE. — Ne me laisse pas seule, je t'en supplie, ô père : seule, qu'est une femme ? Arès n'habite pas en elle[48].

LE CHŒUR. — *Eux, pleins de pensers criminels, de desseins perfides, au fond de leurs cœurs impurs, pas plus que des corbeaux n'ont souci des autels.*

DANAOS. — Ce serait pour nous tout profit, ma fille, s'ils se faisaient haïr des dieux comme de toi.

LE CORYPHÉE. — Ah ! ce ne sont pas ces tridents, ces majestés divines, dont la crainte retiendra leurs mains loin de nous, ô père.

LE CHŒUR. — *Orgueilleux, tout dévorants d'audace impie, comme des chiens sans vergogne, ils sont sourds à la voix des dieux.*

DANAOS. — Eh bien ! un dicton ne veut-il pas que les loups soient vainqueurs des chiens ? Et parmi les fruits de la terre, ce n'est pas le souchet[49] qui commande à l'épi !

LE CORYPHÉE. — Disons plus : leurs instincts sont ceux de bêtes luxurieuses et sacrilèges. Ah ! gardons qu'ils ne nous commandent jamais.

DANAOS. — Une armée de mer n'est pas si vite prête. Même un mouillage est long : il faut porter à terre les amarres protectrices ; et, même l'ancre jetée, les guides d'une flotte ne sont pas sur le champ libérés de crainte, surtout quand ils arrivent dans un pays sans port à l'heure où le soleil décline pour la nuit : la nuit est mère d'angoisse pour le pilote averti. Aucun débarquement ne saurait donc se faire comme il faut, si la nef n'est d'abord assurée du mouillage. Pourtant, si tu

---

48. C'est pourtant bien la guerre (familiale et sexuelle) que vont poursuivre, à leur façon et contre leurs futurs époux, les Danaïdes. Cf. v. 681-682.

49. Le papyrus égyptien, ou souchet à papier *(cyperus papyrus, L.)*, de la famille des Cypéracées, opposé ici au blé grec (cf. 953 : la bière et le vin).

φρόνει μὲν ὡς ταρβοῦσα μὴ ἀμελεῖν θεῶν·

. . . .

πράξας ἀρωγήν· ἄγγελον δ' οὐ μέμψεται
πόλις γέρονθ', ἡβῶντα δ' εὐγλώσσῳ φρενί.   775

ΧΟ. Ἰὼ γᾶ βοῦνι, πάνδικον σέβας,   Str. 1.
τί πεισόμεσθα; ποῖ φύγωμεν Ἀπίας
χθονός, κελαινὸν εἴ τι κεῦθός ἐστί που;
Μέλας γενοίμαν καπνὸς
νέφεσσι γειτονῶν Διός·   780
τὸ πᾶν δ' ἄφαντος ἀμπετὴς
ἀϊδνὸς ὡς κόνις ἄτερ-
θε πτερύγων ὀλοίμαν.

Ἄφρικτον δ' οὐκέτ' ἂν πέλοι κέαρ·   Ant. 1.
κελαινόχρως δὲ πάλλεταί μου καρδία.   785
Πατρὸς σκοπαὶ δέ μ' εἷλον· οἴχομαι φόβῳ.
Θέλοιμι δ' ἂν μορσίμου
βρόχου τυχεῖν ἐν ἀρτάναις,
πρὶν ἄνδρ' ἀπευκτὸν τῷδε χριμ-
φθῆναι χροΐ· πρόπαρ θανού-
σας δ' Ἀΐδας ἀνάσσοι.   790

Πόθεν δέ μοι γένοιτ' ἂν αἰθέρος θρόνος,   Str. 2.
πρὸς ὃν νεφῶν ὑδρηλὰ γίγνεται χιών;
ἢ λισσὰς αἰγίλιψ ἀπρόσ-
δεικτος οἰόφρων κρεμὰς
γυπιὰς πέτρα, βαθὺ   795
πτῶμα μαρτυροῦσά μοι,
πρὶν δαΐκτορος βίᾳ
καρδίας γάμου κυρῆσαι;

as peur, dispose-toi à recourir aux dieux. <Pour moi, je ferai diligence et reviendrai en hâte>, dès que je t'aurai procuré du secours. Argos n'aura pas à se plaindre du messager : s'il est vieux, l'esprit en lui est jeune et sait user des mots qu'il faut.

Il sort.

LE CHŒUR. — *Terre montueuse[50], juste objet de mon culte, que vais-je devenir ? Où fuir ? Sur la terre d'Apis est-il pour moi une cachette sombre ? Ah ! que je voudrais être la vapeur noire qui approche les nuées de Zeus, pour disparaître tout entière et, comme la poussière qui, sans ailes, prend son vol et s'évanouit, mourir !*

Des frissons sans cesse vont courant sur mon âme ; mon cœur, maintenant noir, palpite[51]. Ce qu'a vu mon père de sa guette m'a saisie : je suis morte d'effroi. Ah ! je voudrais, pendue, trouver la mort dans un lacet[52], avant qu'un mari exécré portât la main sur mon corps. Plutôt, dans le trépas, avoir pour maître Hadès !

Que ne puis-je m'asseoir au sein de l'éther, là où l'eau des nuées se vient changer en neige ! Ou trouver du moins un roc escarpé abandonné des chèvres, inaccessible aux yeux, hautain et solitaire, suspendu dans le vide, aire de vautour, qui me garantirait une chute profonde, avant que je subisse, contre ma volonté, l'hymen d'un ravisseur[53] !

---

50. Il s'agit du territoire d'Argos : cf. 117 s.
51. Le cœur, *kardia*, est ici comparé à une mer d'avant l'orage.
52. Cf. *supra* n. 14.
53. Littéralement, un « déchireur » *(daïktôr)*.

Κυσὶν δ' ἔπειθ' ἕλωρα κἀπιχωρίοις   Ant. 2.
ὄρνισι δεῖπνον οὐκ ἀναίνομαι πέλειν·   801
τὸ γὰρ θανεῖν ἐλευθεροῦ-
ται φιλαιάκτων κακῶν·
ἐλθέτω μόρος, πρὸ κοί-
τας γαμηλίου τυχών.   805
Τίνα φυγᾶς ἄρ' ἔτι πόρον
τέμνω, γάμου λυτῆρα;

Ἴυζε δ' οὐράνια μέλη   Str. 3.
λιτανὰ θεοῖσι καὶ <θεαῖς>,
τέλεα δὲ πῶς πελόμενά μοι;   810
Λύσιμα, μάχιμα δ' ἔπιδε, πάτερ,
βίαια μὴ φίλοις ὁρῶν
ὄμμασιν, ἐνδίκως· σεβί-
ζου δ' ἱκέτας σέθεν, γαι-   815
άοχε παγκρατὲς Ζεῦ.

Γένος γὰρ Αἰγύπτιον, ὕβριν   Ant. 3
δύσφορον, ἀρσενογενέσιν
μετά με δρόμοισι δίόμενοι,
φυγάδα μάταισι πολυθρόοις   820
βίαια δίζηνται λαβεῖν.
Σὸν δ' ἐπίπαν ζυγὸν ταλάν-
του· τί δ' ἄνευ σέθεν θνα-
τοῖσι τέλειόν ἐστιν;

† Ο' ὁ ὁ ἁ ἁ ἁ   825
ὅδε μάρπτις
νάϊσ
γάϊος

Après, j'y consens, qu'on fasse de moi la proie des chiens, le festin des oiseaux d'alentour. Qui meurt se libère de douleur et de larmes. Le trépas vienne donc à moi avant le lit nuptial ! Est-il une autre voie de salut que je puisse m'ouvrir encore pour échapper à l'hyménée ?

Que tes chants lancent tes vœux jusqu'au ciel, vers les dieux et les déesses ! Mais par où s'accompliront-ils ? Ah ! tourne donc vers nous, père, des yeux qui nous promettent la délivrance, même au prix des combats[54] ! Et sur la violence jette un regard de colère : c'est celui qui lui est dû. Respecte en nous tes suppliantes, Zeus tout-puissant, seigneur d'Argos. Car les fils d'Égyptos – intolérable démesure[55] – mâles en chasse sur mes pas, vont pressant la fugitive de leurs lubriques clameurs et prétendent l'avoir de force ! Mais le fléau de la balance, Toi seul le tiens : est-il donc rien chez les mortels qui se puisse accomplir sans Toi ?

Elles aperçoivent au loin une troupe d'Égyptiens.

Ah ! ah ! Le ravisseur est là[56] . . . .
. . . .

54. Texte incertain.
55. Cf. n. 7.
56. Le texte de la scène qui suit est très mutilé et altéré (jusqu'au v. 902).

των προ μάρπτι κάμνοις
ιόφ
δμ
αθθι κάκκας
νυ
δυταυ βοὰν ἀμφαίνω
δρῶ τάδε φροίμια πράξαν πόνων   830
βιαίων ἐμῶν·
ἠὲ ἠέ,
βαῖνε φυγᾷ πρὸς ἀλκάν·
βλοσυρόφρονα χλιδᾷ
δύσφορα ναὶ κἀν γᾷ·
γαίάναξ, προτάσσου.   835

ΚΗΡΥΞ

Σοῦσθε σοῦσθ᾽ ἐπὶ βᾶ-
ριν ὅπως ποδῶν.
Οὐκοῦν οὐκοῦν
τιλμοὶ τιλμοὶ καὶ στιγμοί,
πολυαίμων φόνιος   840
ἀποκοπὰ κρατός.
Σοῦσθε, σοῦσθ᾽ ὀλύμεναι ὀλόμεν᾽ ἐπαμίδα.

ΧΟ.   Εἴθ᾽ ἀνὰ πολύρρυτον   Str. 1.
ἀλμήεντα πόρον
δεσποσίῳ ξὺν ὕβρει   845
γομφοδέτῳ τε δόρει διώλου.

ΚΗ.   Αἵμονες ὣς ἐπάμιδα
ησυδουπιατάπιτα
κελεύω βία μεθέσθαι   850
ἴχαρ φρενί τ᾽ ἄταν, ἰὼ ἰώ,
λεῖφ᾽ ἕδρανα, κί᾽ ἐς δόρυ,
ἀτιέτανα πόλιν εὐσεβῶν.

Ah ! ravisseur, puisses-tu plutôt périr ! . . . .
. . . . Je fais éclater un cri de détresse.
Voici donc le prélude des violences qui m'attendent !

Ah ! ah ! fuis vers le secours. La terreur triomphe,
intolérable sur terre aussi bien que sur mer ! Seigneur de
ce pays, protégez-nous !

> Elles se précipitent vers l'autel. Entre un héraut
> égyptien guidant une troupe en armes.

Le Héraut. — En route ! en route vers la galiote, de
toute la vitesse de vos jambes ! Ou, alors, on verra des
cheveux arrachés, oui, arrachés, des corps marqués au
fer[57], des têtes coupées, d'où gicle à flots le sang du
massacre. En route, en route...

Le Chœur. — Que n'as-tu donc péri au milieu des
vagues sans nombre de ta route marine, avec la démesure[58]
de tes maîtres et leur vaisseau aux fortes chevilles !

Le Héraut. —. . . . .
. . . .
Allons, laisse l'autel et marche vers le vaisseau . . . .
. . . .

Le Chœur. — *Non, je ne veux plus revoir les eaux
fécondantes qui, chez tes hommes, font naître et se
multiplier un sang porteur de vie[59].*

---

57. Les Danaïdes seraient alors traitées comme des esclaves en fuite.
58. Cf. n. 7.
59. Les eaux du Nil étaient supposées avoir des vertus prolifiques,
et favoriser en particulier la naissance d'enfants mâles (résumé de la
note de P. Mazon) ; l'emploi du terme *brotoi*, les « mortels », au v. 857,
semble impliquer que la remarque du Chœur prend une portée générale
et trahit surtout son refus de la maternité.

XO.　Μήποτε πάλιν ἴδοιμ'　　　　　　　　　Ant. 2.
　　　ἀλφεσίβοιον ὕδωρ,　　　　　　　　　　855
　　　ἔνθεν ἀεξόμενον
　　　ζώφυτον αἷμα βροτοῖσι θάλλει.

KH.　Ἄγειος ἐγὼ βαθυχαῖος
　　　βαθρείας βαθρείας
　　　γέρον· σὺ δ' ἐν ναΐ ναΐ　　　　　　　　860
　　　βάσῃ τάχα
　　　θέλεος ἀθέλεος·
　　　βίᾳ βίᾳ τε πολλᾷ φροῦδα
　　　βάτεαι βαθυμιτροκακὰ παθῶν
　　　ὀλόμεναι παλάμαις.　　　　　　　　　865

XO.　Αἰαῖ αἰαῖ·　　　　　　　　　　　　Str. 2.
　　　αἲ γὰρ δυσπαλάμως ὄλοιο
　　　δι' ἁλίρρυτον ἄλσος,
　　　κατὰ Σαρπηδόνιον χῶ-
　　　μα πολύψαμμον ἀλαθεὶς　　　　　　　870
　　　ἀερίαισιν αὔραις.

KH.　Ἴυζε καὶ λάκαζε καὶ κάλει θεούς·
　　　Αἰγυπτίαν γὰρ βᾶριν οὐχ ὑπερθορῇ
　　　Ἴυζε καὶ βόα πικρότερ' ἀχέων
　　　οἰζύος ὄνομ' ἔχων.　　　　　　　　875

XO.　Οἰοῖ οἰοῖ,　　　　　　　　　　　　Ant. 2.
　　　λυμασις ὑπρογασυλάσκει
　　　περιχαμπτὰ βρυάζεις·
　　　ὃς ἐπωπᾷ σ', ὃ μέγας Νεῖ-
　　　λος ὑβρίζοντά σ' ἀποτρέ-　　　　　　880
　　　ψειεν ἄϊστον ὕβριν.

KH.　Βαίνειν κελεύω βᾶριν εἰς ἀμφίστροφον
　　　ὅσον τάχιστα· μηδέ τις σχολαζέτω·
　　　ὁλκὴ γὰρ οὔτι πλόκαμον οὐδάμ' ἅζεται.

Le Héraut. — ....
....

Tu vas monter dans la nef, oui, dans la nef, que tu le
veuilles ou ne le veuilles pas....................
....

Le Chœur. — *Ah ! ah ! puisses-tu donc périr d'une*
mort brutale, englouti dans les eaux saintes de la mer,
après avoir erré au gré des vents célestes autour de la
tombe où, dans le sable, dort Sarpédon[60] !

Le Héraut. — Crie, hurle, appelle les dieux : une
fois dans la galiote égyptienne, tu n'en sauteras pas les
plats-bords ! ....
....

Le Chœur. — *Hélas ! hélas !* ....
....
.... *Que le puissant Nil qui te voit*
arrête ta démesure[61] inouïe !

Le Héraut. — Je t'invite à gagner la galère aux flancs
courbes, et vite ! nul retard ! Quand on traîne une rebelle,
on n'épargne pas ses cheveux.

---

60. Héros lycien, fils de Zeus et d'Europe ou, dans l'*Iliade*, de
Laodamie.
61. Cf. n. 7.

ΧΟ. Οἰοῖ, πάτερ,   Str. 3.
      βρέτεος ἄρος ἄτα·   885
      μάλα δ' ἄγει
      ἄραχνος ὣς βάδην,
      ὄναρ ὄναρ μέλαν.
          Ὀτοτοτοῖ·
          μᾶ Γᾶ μᾶ Γᾶ, βόαν   890
          φοβερὸν ἀπότρεπε,
          ὦ πᾶ, Γᾶς παῖ, Ζεῦ.

ΚΗ. Οὔτοι φοβοῦμαι δαίμονας τοὺς ἐνθάδε·
      οὐ γάρ μ' ἔθρεψαν, οὐδ' ἐγήρασαν τροφῇ.

ΧΟ. Μαιμᾷ πέλας δίπους ὄφις·   Ant. 3.
      ἔχιδνα δ' ὥς με   895
      τί ποτ' ἔν
      δακοσάχ
          Ὀτοτοτοῖ
          μᾶ Γᾶ μᾶ Γᾶ, βόαν
          φοβερὸν ἀπότρεπε,   900
          ὦ πᾶ, Γᾶς παῖ, Ζεῦ. †

ΚΗ. Εἰ μή τις ἐς ναῦν εἶσιν αἰνέσας τάδε,
      λακὶς χιτῶνος ἔργον οὐ κατοικτιεῖ.   903

ΧΟ. Διωλόμεσθ'· ἄσεπτ', ἄναξ, πάσχομεν.   908

ΚΗ. Πολλοὺς ἄνακτας, παῖδας Αἰγύπτου, τάχα   905
      ὄψεσθε· θαρσεῖτ', οὐκ ἐρεῖτ' ἀναρχίαν.   906

ΧΟ. Ἰώ, πόλεως ἀγοὶ πρόμοι, δάμναμαι.   904

ΚΗ. Ἕλξειν ἔοιχ' ὑμᾶς ἀποσπάσας κόμης,   909
      ἐπεὶ οὐκ ἀκούετ' ὀξὺ τῶν ἐμῶν λόγων.   910

Le héraut et sa troupe montent sur le tertre et cherchent à se saisir des Danaïdes.

LE CHŒUR. — *Hélas ! père, le secours des autels serait donc ma perte ? Mais oui, il m'entraîne comme une araignée, pas à pas, le fantôme, le noir fantôme ! – Hélas ! trois fois hélas ! Terre mère, écarte de moi l'effrayant hurleur ! Ô père, Zeus, fils de la Terre !*

LE HÉRAUT. — Va, je ne crains pas les dieux de ce pays : ils n'ont élevé mon enfance ni nourri mes vieux jours.

LE CHŒUR. — *Il bondit vers moi, le serpent à deux pieds. Pareil à une vipère . . . .*
. . . . .
— Hélas ! trois fois hélas ! Terre mère, écarte de moi l'effrayant hurleur ! Ô père, Zeus, fils de la Terre !

LE HÉRAUT. — Si tu ne te résignes à gagner le vaisseau, ta tunique ouvragée sera déchirée sans pitié.

LE CHŒUR. — *Nous sommes perdues. Seigneur ! nous subissons un traitement impie.*

LE HÉRAUT. — Des seigneurs, vous en aurez bientôt – en nombre : les fils d'Égyptos ! N'ayez crainte, vous ne vous plaindrez pas de manquer de maîtres.

LE CHŒUR. — *Ah ! chefs, princes de ce pays, je succombe à la force !*

LE HÉRAUT. — Je crois qu'il vous faudra tirer, traîner par les cheveux, puisque vous restez sourdes à ma voix.

ΒΑ.   Οὗτος, τί ποιεῖς; ἐκ ποίου φρονήματος
      ἀνδρῶν Πελασγῶν τήνδ' ἀτιμάζεις χθόνα;
      ἀλλ' ἢ γυναικῶν ἐς πόλιν δοκεῖς μολεῖν;
      κάρβανος ὢν δ' Ἕλλησιν ἐγχλίεις ἄγαν·
      καὶ πόλλ' ἁμαρτὼν οὐδὲν ὤρθωσας φρενί.   915

ΚΗ.   Τί δ' ἡμπλάκηται τῶνδ' ἐμοὶ δίκης ἄτερ;

ΒΑ.   Ξένος μὲν εἶναι πρῶτον οὐκ ἐπίστασαι.

ΚΗ.   Πῶς δ' οὐχί; τἀπολωλόθ' εὑρίσκων ἐγώ;

ΒΑ.   Ποίοισιν εἰπὼν προξένοις ἐγχωρίοις;

ΚΗ.   Ἑρμῇ μεγίστῳ προξένων μαστηρίῳ.   920

ΒΑ.   Θεοῖσιν εἰπὼν τοὺς θεοὺς οὐδὲν σέβῃ.

ΚΗ.   Τοὺς ἀμφὶ Νεῖλον δαίμονας σεβίζομαι.

ΒΑ.   Οἱ δ' ἐνθάδ' οὐδέν, ὡς ἐγὼ σέθεν κλύω.

ΚΗ.   Ἄγοιμ' ἄν, εἴ τις τάσδε μὴ 'ξαιρήσεται.

ΒΑ.   Κλάοις ἄν, εἰ ψαύσειας, οὐ μάλ' ἐς μακράν.   925

ΚΗ.   Ἤκουσα τοὖπος οὐδαμῶς φιλόξενον.

ΒΑ.   Οὐ γὰρ ξενοῦμαι τοὺς θεῶν συλήτορας.

ΚΗ.   Λέγοιμ' ἂν ἐλθὼν παισὶν Αἰγύπτου τάδε.

ΒΑ.   Ἀβουκόλητον τοῦτ' ἐμῷ φρονήματι.

Entre soudain le Roi avec ses hommes d'armes.

Le Roi. — Hé là-bas ! que fais-tu ? Quelle superbe t'induit à mépriser ainsi la terre des Pélasges ? Crois-tu donc débarquer dans un État de femmes ? Pour un barbare aussi tu montres avec les Grecs un peu trop d'insolence ! C'est commettre bien des fautes et user de bien peu de sens.

Le Héraut. — Quelle faute ai-je commise ici contre le Droit ?

Le Roi. — Tu ignores d'abord les devoirs d'un étranger.

Le Héraut. — En quoi ? Je retrouve ce que j'avais perdu.

Le Roi. — À quels proxènes ici t'es-tu donc adressé[62] ?

Le Héraut. — Au plus grand des proxènes, Hermès, dieu de tous ceux qui cherchent.

Le Roi. — Tu t'adresses à des dieux et tu ne montres aucun respect des dieux !

Le Héraut. — Les dieux du Nil sont ceux que j'adore.

Le Roi. — Et ceux d'ici alors ne sont rien pour toi : je l'entends de ta bouche.

Le Héraut. — J'emmènerai ces femmes – à moins qu'on ne me les arrache.

Le Roi. — Y toucher t'en cuirait, ce ne serait pas long !

Le Héraut. — J'entends là des mots peu hospitaliers.

Le Roi. — Je ne vois pas des hôtes en ceux qui dépouillent des dieux.

Le Héraut. — Voilà ce que je dirai aux enfants d'Égyptos.

Le Roi. — Ce souci-là n'inquiète pas mon cœur !

62. Cf. n. 20.

ΚΗ. 'Αλλ' ὡς ἂν εἰδὼς ἐννέπω σαφέστερον —   930
κal γὰρ πρέπει κήρυκ' ἀπαγγέλλειν τορῶς
ἕκαστα — πῶς φῶ πρὸς τίνος τ' ἀφαιρεθεὶς
ἥκειν γυναικῶν αὐτανέψιον στόλον ;
Οὗτοι δικάζει ταῦτα μαρτύρων ὑπο
"Αρης· τὸ νεῖκος δ' οὐκ ἐν ἀργύρου λαβῇ   935
ἔλυσεν· ἀλλὰ πολλὰ γίγνεται πάρος
πεσήματ' ἀνδρῶν κἀπολακτισμοὶ βίου.

ΒΑ. Τί σοι λέγειν χρὴ τοὔνομ' ; ἐν χρόνῳ μαθὼν
εἴσεσθε καὐτὸς χοἱ ξυνέμποροι σέθεν.
Ταύτας δ' ἑκούσας μὲν κατ' εὔνοιαν φρενῶν   940
ἄγοις ἄν, εἴπερ εὐσεβὴς πίθοι λόγος·
τοιάδε δημόπρακτος ἐκ πόλεως μία
ψῆφος κέκρανται, μήποτ' ἐκδοῦναι βίᾳ
στόλον γυναικῶν· τῶνδ' ἐφήλωται τορῶς
γόμφος διαμπάξ, ὡς μένειν ἀραρότως.   945
Ταῦτ' οὐ πίναξίν ἐστιν ἐγγεγραμμένα
οὐδ' ἐν πτυχαῖς βίβλων κατεσφραγισμένα,
σαφῆ δ' ἀκούεις ἐξ ἐλευθεροστόμου
γλώσσης· κομίζου δ' ὡς τάχιστ' ἐξ ὀμμάτων.

ΚΗ. "Ισθι μὲν ἂρ' ἤδη πόλεμον αἴρεσθαι νέον·   950
εἴη δὲ νίκη καὶ κράτη τοῖς ἄρσεσιν.

Le Héraut. — Mais, pour que mon rapport soit strict et précis – car il faut qu'un héraut rende de tout un compte clair – comment m'exprimerai-je ? par qui dirai-je que me fut arrachée la troupe de cousines sans laquelle je reviens ? Ces débats-là, Arès ne les juge pas d'après des témoignages ; jamais telle querelle ne fut par lui réglée à prix d'argent. Il faut d'abord que des guerriers tombent par centaines et rejettent la vie dans les convulsions.

Le Roi. — Pourquoi te donner mon nom ? Tu l'apprendras avec le temps, toi comme tes compagnons. Ces femmes, tu les emmèneras, si elles y consentent de bon cœur, quand tu auras, pour les convaincre, trouvé de pieuses raisons. Par un vote unanime, le peuple argien l'a proclamé sans appel : jamais il n'abandonnera à la violence une troupe de femmes. C'est là un clou assez fermement planté et enfoncé pour que rien ne l'ébranle jamais. Il ne s'agit point de mots inscrits sur des tablettes ni scellés dans des rouleaux de papyrus : tu entends ici le clair langage d'une bouche libre. Allons, vite, hors de ma vue !

Le Héraut. — Sache dès lors que tu soulèves là une guerre incertaine. La victoire et la conquête puissent-elles être pour les mâles !

Le Roi. — Des mâles, vous en trouverez aussi dans ce pays, et qui ne boivent pas un vin fait avec l'orge[63] !

Le Héraut se retire. Le roi se tourne vers le Chœur.

63. Cf. n. 49.

ΒΑ. 'Αλλ' ἄρσενάς τοι τῆσδε γῆς οἰκήτορας
εὑρήσετ' οὐ πίνοντας ἐκ κριθῶν μέθυ.
Ὑμεῖς δὲ πᾶσαι σὺν φίλαις ὀπάοσιν
θράσος λαβοῦσαι στείχετ' εὐερκῆ πόλιν,   955
πύργων βαθείᾳ μηχανῇ κεκλημένην.
Καὶ δώματ' ἐστὶ πολλὰ μὲν τὰ δήμια·
δεδωμάτωμαι δ' οὐδ' ἐγὼ σμικρᾷ χερί·
ἔνθ' ὑμῖν ἔστιν εὐτύκους ναίειν δόμους
πολλῶν μετ' ἄλλων· εἰ δέ τις μείζων χάρις,   960
πάρεστιν οἰκεῖν καὶ μονορρύθμους δόμους.
Τούτων τὰ λῷστα καὶ τὰ θυμηδέστατα,
πάρεστι, λωτίσασθε· προστάτης δ' ἐγὼ
ἀστοί τε πάντες, ὧνπερ ἥδε κραίνεται
ψῆφος· τί τῶνδε κυριωτέρους μένεις ;   965

ΧΟ. 'Αλλ' ἀντ' ἀγαθῶν ἀγαθοῖσι βρύοις,
δῖε Πελασγῶν·
πέμψον δὲ πρόφρων δεῦρ' ἡμέτερον
πατέρ' εὐθαρσῆ
Δαναόν, πρόνοον καὶ βούλαρχον·   970
τοῦ γὰρ προτέρα μῆτις, ὅπου χρὴ
δώματα ναίειν καὶ τόπος εὔφρων·
πᾶς τις ἐπειπεῖν ψόγον ἀλλοθρόοις
εὔτυκος· εἴη δὲ τὰ λῷστα.
Σύν τ' εὐκλείᾳ καὶ ἀμηνίτῳ   975
βάξει λαῶν ⟨τῶν⟩ ἐγχώρων
τάσσεσθε, φίλαι δμωίδες, οὕτως
ὡς ἐφ' ἑκάστῃ διεκλήρωσεν
Δαναὸς θεραποντίδα φερνήν.

Pour vous, reprenez confiance, et toutes, avec vos suivantes, entrez dans notre cité bien close, que protège l'appareil de ses remparts élevés. L'État y possède de nombreuses demeures ; moi-même, j'y ai été pourvu d'appartements d'une main généreuse. Des logis sont là tout prêts pour vous, si vous voulez habiter avec d'autres. Vous êtes libres aussi, s'il vous agrée davantage, d'occuper des demeures disposées pour vous seules. Choisissez – vous êtes libres – ce qui vous paraîtra le plus avantageux et le plus agréable. Pour répondants[64], vous avez le Roi et tous les citoyens, dont s'exécute ici la décision : en attendez-vous de plus qualifiés ?

LE CORYPHÉE. — Que des biens sans nombre payent tes bienfaits, roi vénéré entre les Pélasges ! Et que ta bonté nous renvoie ici notre père, le vaillant Danaos, qui pense et veut pour nous. C'est à lui de décider d'abord où nous devons prendre logis et quel choix nous vaudra bon accueil. Chacun est prêt à lancer le blâme sur un étranger. veillons à ce que tout aille au mieux !

Le Roi sort.

Pour notre bon renom, pour que les gens de ce pays parlent de nous sans malice, rangez-vous, chères captives, dans l'ordre même où Danaos a assigné à chacune de nous la suivante inscrite dans sa dot.

---

64. À Athènes, comme dans d'autres cités, un métèque doit choisir un citoyen comme « répondant » ou « patron » *(prostatês)*. Pour la différence avec un proxène, cf. v. 919-920.

ΔΑ.   Ὦ παῖδες Ἀργείοισιν εὔχεσθαι χρεών   980
θύειν τε λείβειν θ' ὡς θεοῖς Ὀλυμπίοις
σπονδάς, ἐπεὶ σωτῆρες οὐ διχορρόπως·
καὶ μου τὰ μὲν πραχθέντα πρὸς τοὺς ἐγγενεῖς
φίλως, πικρῶς <δ'> ἤκουσαν αὐτανεψίοις,
ἐμοὶ δ' ὀπαδοὺς τούσδε καὶ δορυσσόους   985
ἔταξαν ὡς ἔχοιμι τίμιον γέρας,
καὶ μήτ' ἀέλπτως δορικανεῖ μόρῳ θανών
λάθοιμι, χώρᾳ δ' ἄχθος αἰείζων πέλοι,

. . . .

Τοιῶνδε τυγχάνοντας εὐπρυμνῆ φρενός
χάριν σέβεσθαι τιμιωτέραν θέμις.   990
Καὶ ταῦτα μὲν γράψεσθε πρὸς γεγραμμένοις
πολλοῖσιν ἄλλοις σωφρονίσμασιν πατρός,
ἀγνῶθ' ὅμιλον ὡς ἐλέγχεται χρόνῳ·
πᾶς δ' ἐν μετοίκῳ γλῶσσαν εὔτυκον φέρει
κακήν, τό τ' εἰπεῖν εὐπετὲς μύσαγμά πως.   995
Ὑμᾶς δ' ἐπαινῶ μὴ καταισχύνειν ἐμέ,
ὥραν ἐχούσας τήνδ' ἐπίστρεπτον βροτοῖς·
τέρειν' ὀπώρα δ' εὐφύλακτος οὐδαμῶς,
θῆρες δὲ κηραίνουσι καὶ βροτοί, τί μήν;
καὶ κνώδαλα πτεροῦντα καὶ πεδοστιβῆ·   1000
† καρπώματα στάζοντα κηρύσσει Κύπρις
κάλωρα κωλύουσαν θωσμένειν ἐρῶ· †
καὶ παρθένων χλιδαῖσιν εὐμόρφοις ἔπι
πᾶς τις παρελθὼν ὄμματος θελκτήριον
τόξευμ' ἔπεμψεν, ἱμέρου νικώμενος.   1005
Πρὸς ταῦτα μὴ πάθωμεν ὧν πολὺς πόνος,
πολὺς δὲ πόντος οὕνεκ' ἠρόθη δορί,
μηδ' αἶσχος ἡμῖν, ἡδονὴν δ' ἐχθροῖς ἐμοῖς

Entre Danaos escorté de gardes. – Parlé.

DANAOS. — Mes filles, il faut qu'aux Argiens vous offriez prières, sacrifices et libations, comme à des dieux de l'Olympe ; car, sans se partager, tous ont été nos sauveurs. C'est ainsi qu'ils ont écouté mon récit avec la sympathie due à des proches, la colère que méritent vos cousins, et qu'ils ont attaché à ma personne ces suivants, ces hommes d'armes, d'abord pour m'octroyer un privilège qui m'honore, ensuite pour nous garder, moi, du coup imprévu et mortel qui me frapperait par surprise et pour ce pays serait un faix éternel, <vous, d'un rapt brutal>. En échange de tels bienfaits, nous leur devons, si notre âme est guidée par un bon pilote, l'hommage d'une gratitude qui les honore encore plus que jamais. – Et maintenant, aux nombreuses leçons de modestie inscrites en vous par votre père, vous ajouterez celle-ci : une troupe inconnue ne se fait apprécier qu'avec le temps ; quand il s'agit d'un étranger, chacun tient prêts des mots méchants, et rien ne vient plus vite aux lèvres qu'un propos salissant. Je vous invite donc à ne pas me couvrir de honte, puisque vous possédez cette jeunesse qui attire les yeux des hommes. Le tendre fruit mûr n'est point aisé à protéger : les bêtes s'y attaquent tout comme les hommes, vous le savez, les oiseaux ailés comme les quadrupèdes. De même, des corps pleins de sève Cypris elle-même va proclamant le prix, en invitant l'amour à cueillir la fleur de jeunesse. Aussi, sur la délicate beauté des vierges, tous les passants, succombant au désir, lancent-ils le trait charmeur du regard. Ne subissons pas un pareil destin, alors que, pour le fuir, nous avons tant souffert et labouré de notre carène une telle étendue de mer ; ne créons pas d'opprobre

πράξωμεν. Οἴκησις δὲ καὶ διπλῆ πάρα·
τὴν μὲν Πελασγός, τὴν δὲ καὶ πόλις διδοῖ,   1010
οἰκεῖν λάτρων ἄτερθεν· εὐπετῆ τάδε.
Μόνον φύλαξαι τάσδ' ἐπιστολὰς πατρός,
τὸ σωφρονεῖν τιμῶσα τοῦ βίου πλέον.

ΧΟ. Τἆλλ' εὐτυχοῖμεν πρὸς θεῶν Ὀλυμπίων·
ἐμῆς δ' ὀπώρας οὕνεκ' εὐθάρσει, πάτερ·   1015
εἰ γάρ τι μὴ θεοῖς βεβούλευται νέον,
ἴχνος τὸ πρόσθεν οὐ διαστρέψω φρενός.

Ἴτε μὰν ἀστυάνακτας   Str. 1
μάκαρας θεοὺς γανάοντες
πολιούχους τε καὶ οἳ χεῦμ' Ἐρασίνου   1020
περιναίουσιν παλαιό
ὑποδέξασθε <δ'> ὀπαδοὶ
μέλος· αἶνος δὲ πόλιν τάνδε Πελασγῶν
ἐχέτω, μηδ' ἔτι Νείλου   1025
προχοὰς σέβωμεν ὕμνοις·

ποταμοὺς δ' οἳ διὰ χώρας   Ant. 1
θελεμὸν πῶμα χέουσιν
πολύτεκνοι, λιπαροῖς χεύμασι γαίας
τόδε μειλίσσοντες οὖδας.   1030
Ἐπίδοι δ' Ἄρτεμις ἁγνὰ
στόλον οἰκτιζομένα, μηδ' ὑπ' ἀνάγκας
γάμος ἔλθοι Κυθερείας·
στυγερῶν πέλοι τόδ' ἆθλον.

pour nous-mêmes, de joie pour mes ennemis. Le logis ne nous manquera pas ; deux nous sont offerts, l'un par Pélasgos, l'autre par la cité dont nous pouvons même user sans redevance : on nous rend tout facile. Mais songez bien aux leçons paternelles : mettez la modestie plus haut que la vie.

Le Coryphée. — Réservons pour d'autres vœux les dieux de l'Olympe ; s'il s'agit de ma fleur, rassure-toi, mon père : à moins que le Ciel n'ait formé des plans tout nouveaux, je ne dévierai pas de la route qu'a jusqu'ici suivie mon âme.

Danaos sort.
Le cortège des Danaïdes se prépare à le suivre.

Le Chœur. — *Allons, célébrons les Bienheureux, seigneurs d'Argos, dieux urbains et dieux riverains des eaux de l'Érasinos antique. – Et vous, suivantes[65], répondez à notre chant. – Que nos louanges disent la ville des Pélasges ! Le Nil et ses bouches n'auront plus l'hommage de nos hymnes.*

Mais bien les fleuves qui, par ce pays, vont lui versant l'onde paisible où il s'abreuve et se multiplient en ruisseaux fécondants, pour amollir le terreau argien. Et que la chaste Artémis jette sur cette troupe un regard de pitié, afin que nul hymen ne nous vienne ployer sous le joug de Cypris ! À qui je hais soit réservée l'épreuve !

65. La composition de ce Chœur alternant est discutée : il était peut-être formé de gardes Argiens préposés par Pélasgos ; son invitation à accepter malgré tout le mariage annonce l'issue de la trilogie.

ΘΕΡΑΠΑΙΝΑΙ

Κύπριδος <δ'> οὐκ ἀμελεῖ θεσμὸς ὅδ' εὔφρων· Str. 2.
δύναται γὰρ Διὸς ἄγχιστα σὺν "Ηρᾳ· 1036
τίεται δ' αἰολόμητις
θεὸς ἔργοις ἐπὶ σεμνοῖς.
Μετάκοινοι δὲ φίλᾳ ματρὶ πάρεισιν
Πόθος <ᾇ> τ' οὐδὲν ἄπαρνον 1040
τελέθει θέλκτορι Πειθοῖ·
δέδοται δ' Ἁρμονίᾳ μοῖρ' Ἀφροδίτας
ψεδυρᾷ τρίβῳ τ' Ἐρώτων.

Φυγάδεσσιν δ' ἐπιπνοίας κακά τ' ἄλγη Ant. 2.
πολέμους θ' αἱματόεντας προφοβοῦμαι· 1045
τί ποτ' εὔπλοιαν ἔπραξαν
ταχυπόμποισι διωγμοῖς;
Ὅ τί τοι μόρσιμόν ἐστιν, τὸ γένοιτ' ἄν·
Διὸς οὐ παρβατός ἐστιν
μεγάλα φρὴν ἀπέρατος· 1050
μετὰ πολλῶν δὲ γάμων ἅδε τελευτὰ
προτερᾶν πέλοι γυναικῶν.

ΧΟ. Ὁ μέγας Ζεὺς ἀπαλέξαι Str. 3.
γάμον Αἰγυπτογενῆ μοι.
ΘΕ. Τὸ μὲν ἂν βέλτατον εἴη. 1055
ΧΟ. Σὺ δὲ θέλγοις ἂν ἄθελκτον.
ΘΕ. Σὺ δέ γ' οὐκ οἶσθα τὸ μέλλον.
ΧΟ. Τί δὲ μέλλω φρένα Δίαν Ant. 3.
καθορᾶν, ὄψιν ἄβυσσον ;
ΘΕ. Μέτριόν νυν ἔπος εὔχου. 1060
ΧΟ. Τίνα καιρόν με διδάσκεις ;
ΘΕ. Τὰ θεῶν μηδὲν ἀγάζειν.

LES SUIVANTES. — *Cypris, mon cantique pieux ne saurait l'oublier. Alliée d'Héra, elle atteint presque au pouvoir de Zeus, et, lors, la déesse aux subtils pensers reçoit l'honneur dû à ses œuvres saintes. À ses côtés, pour assister leur mère, voici Désir, et Persuasion enchanteresse, qui jamais n'a subi un refus ; Harmonie aussi a sa part du lot d'Aphrodite, tout comme les Amours au babil joyeux.*

Pour les fugitives je redoute des vents contraires : cruelles douleurs et guerres sanglantes. Pourquoi ont-ils eu du Ciel des brises favorables à leur prompte poursuite ? Ce qu'a fixé le Destin risque fort de s'accomplir — on ne passe pas outre à la pensée de Zeus, auguste et insondable — et, après des milliers de femmes avant toi, l'hymen pourrait bien être ton lot final.

LE CHŒUR. — *Ah ! que l'auguste Zeus écarte de moi l'hymen des fils d'Égyptos !*

LES SUIVANTES. — *Ce serait pourtant là le mieux.*

LE CHŒUR. — *Va, traite à ta guise une intraitable.*

LES SUIVANTES. — *Va, tu ne sais pas l'avenir.*

LE CHŒUR. — *Puis-je prétendre contempler la pensée de Zeus, plonger ma vue dans l'abîme ?*

LES SUIVANTES. — *Formule donc un vœu plus mesuré.*

LE CHŒUR. — *Quelle leçon de mesure entends-tu me donner ?*

LES SUIVANTES. — *« Rien de trop », même avec les dieux !*

ΧΟ. Ζεὺς ἄναξ ἀποστεροί-   Str. 4.
      η γάμον δυσάνορα
      δάϊον, ὥσπερ Ἰὼ   1065
      πημονᾶς ἐλύσατ' εὖ
      χειρὶ παιωνίᾳ κατασχεθών,
      εὐμενῆ βίαν κτίσας·

      καὶ κράτος νέμοι γυναι-   Ant. 4.
      ξίν· τὸ βέλτερον κακοῦ   1070
      καὶ τὸ δίμοιρον αἰνῶ·
      καὶ δίκᾳ δίκας ἕπε-
      σθαι ξὺν εὐχαῖς ἐμαῖς, λυτηρίοις
      μηχαναῖς θεοῦ πάρα.

Le Chœur. — *Non ! que le seigneur Zeus m'épargne un hymen cruel avec un époux abhorré ! C'est lui qui libéra Io, abolit sa peine d'une main guérisseuse et lui fit sentir sa douce puissance.*

Qu'il donne la victoire aux femmes – je me résigne au moindre mal et à deux tiers de bonheur[66] – et qu'une juste sentence vienne à l'appel de la justice, si ma prière est entendue, par les voies libératrices qui sont à la Divinité !

Les Danaïdes s'éloignent avec les Suivantes.

66. À ce stade, la victoire des *gunaikes* sur les *andres* constitue un bénéfice deux fois plus grand que l'inconvénient de soulever une guerre entre Égyptiens et Argiens.

Io dans le *Prométhée enchaîné*
(vers 640-876)

Traduction de Paul Mazon,
CUF, Les Belles Lettres, 1921

Io. – Je ne sais comment je pourrais vous refuser : vous allez d'un récit exact apprendre tout ce que vous demandez. Et pourtant j'hésite, honteuse, à vous dire seulement d'où est venue la tourmente divine qui, détruisant ma forme première, s'est abattue sur moi, misérable ! Sans répit, des visions nocturnes visitaient ma chambre virginale et, en mots caressants, me conseillaient ainsi : « Ô fortunée jeune fille, pourquoi si longtemps rester vierge, quand tu pourrais avoir le plus grand des époux ? Zeus a été par toi brûlé du trait du désir, il veut avec toi jouir des dons de Cypris : garde-toi, enfant, de repousser l'hymen de Zeus ; mais pars, dirige-toi vers Lerne et sa prairie herbeuse, vers les parcs à moutons et à bœufs de ton père, afin que l'œil de Zeus soit délivré de son désir ! » Voilà les rêves qui toutes les nuits me pressaient, malheureuse ! jusqu'au jour où j'osai révéler à mon père quels songes hantaient mon sommeil. Et lui alors, à Pytho, à Dodone, dépêchait de fréquents messagers chargés d'interroger le Ciel et de savoir ce qu'il devait ou dire ou faire pour être agréable aux dieux. Mais ils revenaient ne rapportant qu'oracles ambigus, aux formules obscures, malaisées à débrouiller. Enfin une réponse nette arrive à Inachos : elle parlait clair et lui enjoignait de me jeter hors de la maison, hors du pays, bête vouée aux dieux, libre d'errer jusqu'aux derniers confins du monde, s'il ne voulait pas voir la foudre enflammée, échappant à la main de Zeus, anéantir sa race.

Docile à de tels oracles, émanés de Loxias, mon père me bannit et me ferme à jamais sa demeure – malgré lui-même autant que malgré moi : mais le frein de Zeus le forçait d'agir contre sa volonté. Et aussitôt ma forme et ma raison s'altèrent à la fois ; des cornes me viennent, ainsi que vous voyez, et, taraudée par un moustique à la morsure aiguë, je m'élance d'un bond affolé vers l'eau si douce de Kerkhné et vers la source de Lerne. Un bouvier, fils de la Terre, dont rien ne tempérait l'humeur, m'escortait, attachant ses yeux innombrables à chacun de mes pas. Une mort imprévue soudainement le prive de la vie, tandis que moi, piquée du taon, je cours toujours sous l'aiguillon divin, chassée de pays en pays. Tu sais mes aventures : si tu peux m'apprendre quelles douleurs me restent à subir, révèle-les moi et ne tente pas, par pitié, de me réconforter au moyen de mots mensongers : il n'existe point de mal plus repoussant qu'un langage trompeur.

Animé.

LE CHŒUR. – Oh ! oh ! loin de moi ! assez ! – Jamais, non, jamais je n'eusse osé croire que de si étranges récits pussent venir à mon oreille – des misères, des horreurs, des épouvantes, cruelles à voir autant qu'à subir, aiguillon à double pointe, dont mon cœur, à moi, est glacé. Hélas ! Destinée, Destinée, je frémis à contempler le sort d'Io !

PROMÉTHÉE. – Tu te hâtes trop de gémir et de te laisser envahir par l'effroi. Attends d'avoir appris encore le reste de ses maux.

LE CORYPHÉE. – Parle, achève de l'instruire : il est doux au malade de savoir nettement d'avance ce qui lui reste à souffrir.

PROMÉTHÉE. – Ce que vous requériez d'abord, vous l'avez obtenu de moi sans peine ; vous désiriez avant tout l'entendre conter ses épreuves elle-même : écoutez maintenant le reste, et quelles souffrances devra, par ordre d'Héra, endurer cette jeune mortelle. Et toi, sang d'Inachos, fixe bien mes mots dans ton âme, si tu veux connaître le terme de ta route. En partant d'ici, tourne-toi d'abord vers le soleil levant et va par les plaines sans labour, jusqu'au moment où tu atteindras les Scythes nomades, qui habitent des demeures d'osier tressé juchées sur des chars à bonnes roues et suspendent à leurs épaules l'arc à longue portée. Évite-les et rapproche tes pas des falaises où gémit la mer, pour traverser tout ce pays. À main gauche sont les Chalybes qui travaillent le fer : tu dois t'en garder. Ce sont des êtres féroces, inabordables pour l'étranger. Tu arriveras de la sorte à un fleuve dont le nom ne ment pas, l'Hybristès ; ne le franchis pas – il n'est point aisé à franchir ! – mais marche droit au Caucase, le plus haut des monts : c'est de son front que ce fleuve exhale la fureur de ses eaux. Tu en franchiras les sommets voisins des astres pour prendre la route du Midi. Là, tu trouveras l'armée des Amazones rebelles à l'homme, qui iront un jour fonder Thémiskyre, sur le Thermodon, aux bords où Salmydesse ouvre sur la mer sa rude mâchoire, hôtesse cruelle aux marins, marâtre des vaisseaux. Celles-là te guideront, et de grand cœur. Ainsi tu atteindras, aux portes étroites de son lac, l'isthme cimmérien : d'un cœur intrépide, tu dois, pour le quitter, franchir le détroit méotique ; et, parmi les mortels, à jamais vivra le glorieux récit de ton passage : le détroit te devra le nom de Bosphore. Et, dès lors, laissant le sol d'Europe, tu prendras pied sur le continent d'Asie. – Eh bien ! le souverain des dieux ne vous semble-t-il pas montrer partout une violence égale ? Il a, lui, dieu, sur cette mortelle dont il désirait le lit, fait tomber ce destin vagabond. Ah ! tu as rencontré là, jeune fille, un cruel prétendant ; car ce que tu viens d'entendre, songes-y, n'est pas même encore un prélude.

Io. – Hélas ! pitié ! pitié !

Prométhée. – De nouveau, tu cries, tu meugles : que feras-tu, lorsque tu apprendras le reste de tes maux ?

Le Coryphée. – Te reste-t-il encore d'autres peines à lui annoncer ?

Prométhée. – Dis mieux : une orageuse mer de fatale détresse.

Io. – Quel profit ai-je alors à vivre ? Pourquoi tardé-je à me précipiter de cet âpre rocher ? En m'abattant à terre, je m'affranchis de toutes mes douleurs. Mieux vaut mourir d'un coup que souffrir misérablement chaque jour.

Prométhée. – Tu aurais donc, grand-peine à porter mes épreuves : à moi, le destin ne permet pas la mort. Seule, elle m'affranchirait de mes maux. Mais nul terme ne s'en offre à moi, avant que Zeus ne tombe de sa toute puissance.

Io. – Est-il possible que Zeus tombe un jour du pouvoir ?

Prométhée. – Ta joie serait grande, je pense, à voir telle aventure.

Io. – Certes, quand c'est par Zeus que je souffre de telles misères.

Prométhée. – Eh bien ! tu peux l'apprendre : c'est ce qui sera.

Io. – Et qui lui ravira le spectre tout-puissant ?

Prométhée. – Lui-même et ses vains caprices.

Io. – Comment ? dis-le moi, s'il se peut sans inconvénient.

Prométhée. – Il contractera un hymen dont il se repentira un jour.

Io. – Hymen divin ou mortel ? Si la chose peut se dire, réponds.

Prométhée. – Qu'importe quel il soit ! il n'est point permis de le dire.

Io. – Est-ce son épouse qui le chassera de son trône ?

Prométhée. – En lui enfantant un fils plus fort que son père.

Io. – N'a-t-il pas un moyen de détourner le sort ?

Prométhée. – Aucun, sauf Prométhée délié de ses chaînes.

Io. – Qui serait donc capable de te délier en dépit de Zeus ?

Prométhée. – Un de tes descendants doit l'être.

Io. – Que dis-tu ? Un fils sorti de moi t'affranchirait de tes maux ?

Prométhée. – Oui, trois générations après les dix premières.

Io. – Cet oracle là n'est plus aisé à comprendre.

Prométhée. – Ne cherche pas davantage à connaître à fond tes propres misères.

Io. – Ne me montre pas un profit, pour m'en frustrer ensuite.

Prométhée. – De deux présents je te donnerai l'un ou l'autre.

Io. – Quels présents ? mets-les sous mes yeux et offre-moi le choix.

Prométhée. – Je te l'offre, choisis : dois-je t'apprendre exactement le reste de tes maux ou qui sera mon libérateur ?

Le Coryphée. – De ces grâces, veuille donc lui accorder l'une, l'autre sera pour moi : ne dédaigne pas nos vœux. À Io révèle la suite de ses erreurs ; à moi, qui sera ton libérateur ; car c'est là mon envie.

Prométhée. – Si tel est votre ardent désir, je ne me refuserai pas à vous révéler tout ce que vous demandez. À toi d'abord, Io, je dirai les erreurs de ta course tourbillonnante : inscris-les aux tablettes fidèles de ta mémoire. Quand tu auras franchi le courant qui sert de limite, aux continents, <marche> vers le Levant, où flamboient les pas du Soleil . . . .
. . . .
en traversant le fracas de la mer, jusqu'au moment où tu atteindras les champs gorgonéens de Kisthène, séjour des Phorkides, trois vierges antiques, au corps de cygne, qui n'ont qu'un même œil, une seule dent, et qui jamais n'obtiennent un regard ni du soleil rayonnant ni du croissant des nuits. Prés d'elles sont trois sœurs ailées à toison de serpents, les Gorgones, horreur des mortels, que nul humain ne saurait regarder sans expirer aussitôt. Tel est l'avertissement que d'abord je te donne. Mais apprends à connaître le péril d'un autre spectacle : garde-toi des chiens de Zeus, au bec aigu, qui n'aboient point, des Griffons ; et aussi de l'armée montée des Arimaspes à

l'œil unique, qui habitent sur les borde du fleuve Pluton,
qui charrie l'or. D'aucun de ceux-là n'approche ; et tu
arriveras alors en un pays éloigné, celui d'un peuple noir,
établi prés des eaux du Soleil, au pays du fleuve Aithiops.
Suis-en la berge jusqu'à l'heure où tu atteindras la
« Descente », le point où, du haut des monts de Biblos,
le Nil déverse ses eaux saintes et salutaires. C'est lui qui
te conduira au pays en triangle où le Destin a réservé à
Io et à sa descendance la fondation de sa lointaine colonie.
– Si quelque point te reste trouble, embarrassant, reprends-
le, instruis-toi avec précision. J'ai du loisir ici, plus que
je n'en souhaite.

LE CORYPHÉE. – Si tu as encore à lui révéler un fait
nouveau – ou oublié – de ses erreurs vagabondes, dis-le.
Si tu as achevé, accorde-nous à notre tour la grâce que
nous te demandons. Tu t'en souviens sans doute ?

PROMÉTHÉE. – Elle a tout appris sur le terme de son
voyage ; pour qu'elle sache maintenant que de moi elle
n'entend pas de vains mots, je veux lui dire quelles peines
elle a supportées avant d'arriver ici : je lui aurai ainsi
donné un garant de mes paroles. – *(À Io)*. Je laisse de côté
la grande masse des faits, pour en venir aussitôt à tes
dernières erreurs. Une fois arrivée aux plaines des
Molosses et à la croupe élevée de Dodone, où sont l'oracle
et le siège de Zeus Thesprote, avec l'incroyable prodige
des chênes parlants, qui, clairement et sans énigme, ont
salué en toi celle qui devait être l'épouse glorieuse de Zeus
– rien de tout cela ne flatte-t-il ta mémoire ? – tu t'es
élancée, piquée du taon, par la route côtière, vers le golfe
immense de Rhéa, d'où la tourmente qui t'emporte a
ramené ici ta course vagabonde. Mais, pour les temps
qui viendront, ce golfe marin sera, sache-le exactement,
le Golfe ionien, et son nom rappellera ton passage à tous
les mortels. Voilà pour te prouver que mon esprit perçoit
plus que ce qui se voit. *(Au Chœur)* Le reste, c'est à vous

comme à elle que je le révélerai, en revenant maintenant
sur la trace de mes précédents récits. Il est une ville,
Canope, à l'extrémité du pays, à la bouche même et sur
un atterrissement du Nil. C'est là que Zeus te rendra la
raison en t'imposant sa main calmante, d'un simple
contact. Et, pour rappeler comment Zeus l'a mis au monde,
celui que tu enfanteras sera le noir « Épaphos », qui
cultivera tout le pays qu'arrose le large cours du Nil. Cinq
générations après lui, cinquante vierges, sa descendance,
reviendront malgré elles à Argos, pour échapper à un
hymen avec des proches, leurs propres cousins. Eux, dans
la frénésie du désir, milans pressant des colombes,
arriveront à leur tour, chasseurs en chasse d'un hymen
interdit. Mais le Ciel leur refusera celles qu'ils convoitent,
et la terre pélasge les ensevelira, vaincus par le Meurtre
à face de femme dont l'audace veille dans la nuit. Chaque
épouse arrachera la vie à son époux et trempera dans son
sang l'épée à double tranchant. Que de telles amours aillent
à mes ennemis ! Une seule, enivrée du désir d'être mère,
se refusera à tuer le compagnon de son lit et laissera
s'émousser son vouloir. Entre deux maux, elle choisira
d'être appelée lâche plutôt que meurtrière. Et c'est elle
qui, dans Argos, enfantera une lignée royale. – Il me
faudrait un long récit pour dire clairement tout cela. Sache
du moins que de cette souche naîtra le vaillant, à l'arc
glorieux, qui me délivrera de ces maux. Tel est l'oracle
que m'a entièrement dévoilé ma mère, Thémis, la sœur
des Titans. Mais comment, par quelles voies se réalisera-
t-il ? Te l'exposer demanderait longtemps, et toi, à tout
apprendre, tu ne gagnerais rien.

Un frisson secoue Io.

Dynasties de Thèbes et d'Argos : tableau simplifié

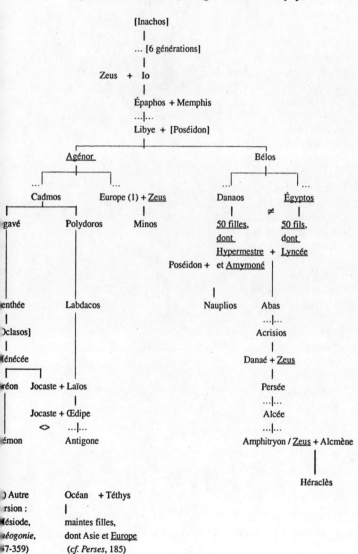

Bibliographie

1. Ouvrages généraux et travaux sur Eschyle

H. Bacon, *Barbarians in Greek Tragedy*, New Haven, 1961.

L. Canfora, *Histoire de la littérature grecque d'Homère à Aristote*, tr. fr., Paris, 1994.

D. J. Conacher, *Æschylus : The Earlier Plays and Related Studies*, Toronto, 1996.

J. A. Davison, « Æschylus and Athenian Politics, 472-456 B.C. », *in :* E. Badian *et al.* (éd.), *Ancient Society and Institutions. Studies Presented to Victor Ehrenberg on his 75th Birthday*, Oxford, 1966.

B. Deforge, *Eschyle, poète cosmique*, Paris, 1986.

J. Dumortier, *Les Images dans la poésie d'Eschyle*, rééd. 1975, Paris (p. 1-11).

K. von Fritz, *Antike und moderne Tragödie*, Berlin, 1962.

M. Gagarin, *Æschylean Drama*, Berkeley-Los Angeles, 1976.

S. Goldhill, *Reading Greek Tragedy*, Cambridge, 1986.

M. Heath, *The Poetics of Greek Tragedy*, Stanford, 1987.

J. Herington, *Æschylus*, Yale U.P.-New Haven-Londres, 1986.

H. D. F. Kitto, *Greek Tragedy*, rééd., Londres, 1961.
- « Political Thought in Æschylus », *Dionisio*, 43, 1969, p. 160-165.

H. Lloyd-Jones, « Zeus in Æschylus », *Journal of Hellenic Studies*, 76, 1956,

N. Loraux, *Façons tragiques de tuer une femme*, Paris, 1985.
Les Enfants d'Athéna. Idées athéniennes sur la citoyenneté et la division des sexes, rééd., Paris, 1990 (a).
Les Mères en deuil, Paris, 1990 (b).
La Voix endeuillée. Essai sur la tragédie, Paris, 1999.

M. McCall, *Æschylus : A Collection of Critical Essays*, 1972.

C. Meier, *De la tragédie grecque comme art politique*, tr. fr., Paris, 1991.

A. Moreau, *Eschyle : la violence et le chaos*, Paris, 1985.

A. J. Podlecki, *The Political Background of Æschylean Tragedy*, Ann Arbor, 1966 (rééd. Bristol, 2000).

K. Reinhardt, *Eschyle, Euripide*, tr. fr., Paris, 1972.

J. de Romilly, *La Crainte et l'angoisse dans le théâtre d'Eschyle*, Paris, 1958.

- *L'Évolution du pathétique d'Eschyle à Euripide*, Paris, 1961.

T. G. Rosenmayer, *The Art of Æschylus*, Berkeley-Los Angeles, 1982.

R. Seaford, *Reciprocity and Ritual*, Oxford, 1994.

S. Saïd, *Sophiste et tyran, ou le problème du Prométhée enchaîné*, Paris, 1985 (sur Io dans le *Prométhée*).

A. H. Sommerstein, *Æschylean Tragedy*, Bari, 1996.

O. Taplin, *The Stagecraft of Æschylus*, Oxford, 1977 (p. 192-239).

Greek Tragedy in Action, Berkeley-Los Angeles, 1978.

G. Thomson, *Aischylos und Athen*, tr. all., rééd., Berlin, 1979

M. West, *Studies in Æschylus*, Stuttgart, 1990 (p. 126-172).

U. von Wilamowitz-Moellendorff, *Aischylos. Interpretationen*, rééd., Berlin, 1966.

D. Wiles, *Tragedy in Athens. Performance, Space and Theatrical Meaning*, Cambridge, rééd., 1999.

Greek Theatre Performance. An Introduction, Cambrige, 2000.

R. P. Winnington-Ingram, *Studies in Aeschylus*, Cambridge, 1983.

2. Sur les *Suppliantes*, la trilogie et le mythe

a) Éditions et/ou traductions :

- P. Mazon, *CUF*, éd. revue par J. Irigoin, 13e tirage, Paris, 1995 (édition et traduction).

- D. Page, Oxford, 1972 (édition seule).

- M. L. West, Stuttgart, 1992 (édition seule).

b) Commentaires :

- H.J.R. Rose, *A Commentary of the Surviving Plays of Æschylus*, Amsterdam, 1957-1958 (commentaire seul).

- H. Friis Johansen et E. W. Whittle, *Æschylus : The Suppliants*, 3 volumes, Copenhague, 1980 (édition et commentaire).

c) Traductions françaises :
- D. Buisset, *Les Suppliantes d'Eschyle*, traduit du grec par D. Buisset, *Poésie*, 73, 1995, p. 3-46.
- V. H. Debidour, *Les Tragiques grecs : Eschyle, Sophocle, Euripide*, Introduction et dossier de P. Demont et A. Lebeau, Paris, 1999.

d) Fragments de la trilogie :
- S. Radt, *Tragicorum græcorum fragmenta, III, Æschylus*, Göttingen, 1985 (TrGF).

e) Index :
- G. Italie, *Index Æschyleus*, rééd., Leyde, 1964.

f) Études :
- R. Aélion, *Euripide héritier d'Eschyle*, 2 volumes, Paris, 1983.
- D. Aubriot-Sévin, *Prière et conception religieuses en Grèce ancienne*, Lyon-Paris, 1992 (p. 404-494).
- G.W. Bakewell, « *Metoikia* in the *Supplices* of Æschylus », *Classical Antiquity*, 16, 1997.
- M.-F. Baslez, *L'Étranger dans la Grèce antique*, Paris, 1984.
- R. Bees, « Die Skene in Aischylos *Persern*, *Sieben gegen Theben* und *Hiketiden* », *Stud. zur klass. Phil.*, 93, 1995.
- É. Benveniste, « La légende des Danaïdes », *Revue de l'Histoire des Religions*, 136, 1949, p. 129-138.
- J.-Fr. Boittin, « Figures du mythe et de la tragédie : Io dans le *Prométhée enchaîné* », *Écriture et théorie poétiques. Lectures d'Homère, Eschyle, Platon, Aristote*, Presses de l'École Normale Supérieure, 1976, p. 40-56.
- P. Burian, « Pelasgus and Politics in Æschylus' Danaid Trilogy », *Wiener Studien*, 87, 1974, p. 1-14.
- R. Caldwell, « The Psychology of Æschylus' *Suppliants* », *Arethusa*, 7, 1974, p. 45-70.

- É. Cavaignac, « Eschyle et Thémistocle », *Revue de Philologie*, 45, 1921.

- « À propos d'un document nouveau : la fin de Thémistocle », *La Nouvelle Clio*, 7-9, 1955-1957.

- M. Detienne, « Les Danaïdes entre elles, ou la violence fondatrice du mariage », *Arethusa*, 21, 2, 1988, p. 159-175, repris dans *L'Écriture d'Orphée*, Paris, 1989, p. 41-57.

- A. Diamantopoulos, « The Danaid Trilogy of Æschylus », *Journal of Hellenic Studies*, 77, 1957, p. 221-229.

- G. Dumézil, *Le Crime des Lemniennes. Rites et légendes du monde égéen*, Paris, 1924, rééd. 1998.

- F. Ferrari, « La Misandria delle Danaide », *Ann. Sc. Norm. Pisa*, 7, 1977, p. 1303-1321.

- G. Forrest, « Themistocles and Argos », *Classical Quarterly*, 10, 1960, p. 221-241.

- T. Gantz, « Love and Death in the *Suppliants* of Æschylus », *Phoenix*, 32, 1978, p. 279-287.

- A. F. Garvie, *Æschylus'* Supplices : *Play and Trilogy*, Cambridge, 1969.

- P. Gauthier, Symbola. *Les étrangers et la justice dans les cités grecques*, Nancy, 1972.

- L. Gernet, « Observations sur les *Suppliantes* d'Eschyle », *Revue des études grecques*, 63, 1950.

- J. Gould, « *Hiketeia* », *Journal of Hellenic Studies*, 93, 1973, p. 74-103.

- E. Hall, *Inventing the Barbarian : Greek Self-Definition through Tragedy*, Oxford, 1989.

- S. Ireland, « The Problem of Motivation in the *Supplices* of Æschylus », *Rheinische Museum*, 117, 1974, p. 14-29.

- A. Iriarte Goñi, *De Amazonas a Ciudadanos*, Madrid, 2002.

- F. Jouan, « La tétralogie des Danaïdes d'Eschyle. Violence et amour », *in : Le Théâtre grec antique : la tragédie*, Cahiers de la Villa Kérylos, 8, Paris, 1998, p. 11-25.

- J. Jouanna, « Le chant mâle des vierges : Eschyle, *Suppliantes*, v. 418-437 », *REG*, 115, 2002/2, p. 783-791.

- J. Kopperschmidt, « Hikesie als dramatischen Form », *in :* W. Jens (éd.), *Die Bauformen der griechischen Tragödie*, Munich, 1971, p. 321-346.

- A. Lebeau, « Bibliographie sélective des agrégations : Eschyle », *L'Information littéraire*, 3, 2000, p. 35-36.

- Ed. Lévy, « Inceste, mariage et sexualité dans les *Suppliantes* d'Eschyle », *in : La Femme dans le monde méditerranéen*, I., Lyon, 1985, p. 29-45.

- H. Lloyd-Jones, « The *Suppliants* of Æschylus », *in : Oxford Readings in Greek Tragedy*, E. Segal (éd.), Oxford, 1983, p. 42-56.

- J. K. Mackinnon, « The Reason for the Danaids' Flight », *Classical Quarterly*, 28, 1978.

- A. Moreau, « Les Danaïdes de Mélanippidès », *Cahiers du GITA*, 8, 1995, p. 119-151.

- « Eschyle, les *Suppliantes*. Quelques éléments bibliographiques », *Cahiers du GITA*, 14, 2001, p. 321-358.

- R.D. Murray, *The Motive of Io in Æschylus'* Suppliants, Princeton, 1958.

- P. Payen, « Femmes captives dans la tragédie grecque », 2002, communication à paraître.

- A.J. Podlecki, « The Æschylean Chorus as Dramatis Persona », *Mélanges Cataudella*, I, Catane, 1972.

- « Reconstructing an Æschylean Trilogy », *Bulletin of the Institute of Classical Studies*, 22, 1975, p. 1-19.

- « *Polis* and Monarch in Early Attic Tragedy », *in : Greek Tragedy and Political Theory*, J.-P. Euben (éd.), Berkeley, 1986, p. 76-100.

- « *Kat' arkhês gar philaitios leôs* : The Concept of Leadership in Aeschylus », *in : Tragedy, Comedy and the Polis*, A.H. Sommerstein, S. Halliwell, J. Henderson, B. Zimmermann (éd.), Bari, 1990, p. 55-79.

- J. N. Rash, *Metre and Language in the Lyrics of the* Suppliants *of Æschylus*, Monogr. in Clas. Stud., New York, Arno Pr., 1981.

- W. Rösler, « Die Schluß der «Hiketiden» und die Danaiden-Trilogie des Aischylos », *Rheinische Museum*, 136, 1993, p. 1-22.

- S. Saïd, « Tragic Argos », *in : Tragedy, Comedy and the Polis*, A. H. Sommerstein, s. Halliwell, J. Henderson, B. Zimmermann (éd.), Bari, 1993, p. 167-190.

- P. Sauzeau, *Les Partages d'Argos*, thèse, Lyon II, 3 vol., 1993 (à paraître chez Belin).

98 BIBLIOGRAPHIE

- R. Seaford, « Tragic Wedding », *Journal of Hellenic Studies*, 107, 1987, p. 106-130.
- M. Sicherl, « Die Tragik der Danaiden », *Museum Helveticum*, 43, 1986, p. 81-110.
- G. Sissa, *Le Corps virginal*, Paris, 1987.
- A. Sommerstein, « Notes on Æschylus' *Suppliants* », *Bull. of the Inst. of Class. Studies*, 24, 1977, p. 67-82.
- « The Theatre Audience, the *Demos*, and the *Suppliants* of Æschylus », *in : Greek Tragedy and the historian*, C. Pelling (éd.), Oxford, 1997, p. 63-79.
- F. Stoessl, *Die Hiketiden des Aischylos als geistesgeschichtliches und theatergeschichtliches Phœnomen*, Vienne, 1979.
- T. A. Tarkow, « The dilemma of Pelasgos and the Nautical Imagery of Æschylus' *Suppliants* », *Class. & Med.*, 31, 1970.
- R. Travis, *Allegory and the Tragic Chorus in Sophocles' Oedipus at Colonus*, Lanham, 1999, p. 96-121.
- U. von Wilamowitz-Moellendorff, *Aischylos. Interpretationen*, Berlin, 1914, rééd. 1966.
- F. I. Zeitlin, « Configurations of Rape in Greek Myth », *in : Rape*, S. Tomaselli et R. Porter (éd.), Oxford, 1986, p. 137-143.
- « La Politique d'Éros : féminin et masculin dans les *Suppliantes* d'Eschyle », *Métis*, III, 1-2 (*Théâtre grec et tragique*), 1988, p. 231-259. Repris et développé dans *Playing the Other*, Chicago-Londres 1996, p. 123-171.
- « Patterns of Gender in Æschylean drama : *Seven against Thebes* and the Danaid Trilogy », *in : The Cabinet of the Muses : Festschrift for T. G. Rosenmeyer*, M. Griffith et D. J. Mastronarde (éd.), Atlanta, 1990, p. 103-115.

Table des matières

Ce volume,
le soixante-septième
de la collection « Classiques en poche »,
publié aux Éditions Les Belles Lettres,
a été achevé d'imprimer
en août 2003
dans les ateliers
*de **Bussière Camedan Imprimeries,***
18203 Saint-Amand-Montrond.

Dépôt légal : septembre 2003.
N° d'édition : 5986 - N° d'impression : 033757/1

Imprimé en France